户外露营乐趣

王老飞◎编著

装备+自驾游+野炊+游戏+摄影+短视频

中国铁道出版社有限公司

CHINA RAILWAY PUBLISHING HOUSE CO., LTD.

内 容 简 介

　　九大专题内容安排，涵盖露营方方面面。173 招露营技巧，助力你成长为露营高手。

　　本书内容具体包括露营装备、露营方式、露营技巧、露营游戏、拍摄露营短视频和照片技巧等，不仅能够让读者详细了解露营，还能帮助读者更好地体验露营的乐趣，感受大自然的魅力，促进家人、朋友或同事之间的情感交流。

　　本书适合喜欢露营、热爱生活和大自然的读者，以及没有露营经历但是想要了解露营的新手。相信本书可以帮助你实现露营的想法，在露营过程中少走弯路，让露营之旅更加充实和圆满。

图书在版编目（CIP）数据

户外露营乐趣：装备+自驾游+野炊+游戏+摄影+
短视频/王老飞编著.—北京：中国铁道出版社有限
公司，2023.8（2024.9 重印）
　ISBN 978-7-113-30281-8

　Ⅰ.①户⋯　Ⅱ.①王⋯　Ⅲ.①野营（军事体育）–基本
知识　Ⅳ.①G873

　中国国家版本馆CIP数据核字（2023）第098442号

书　　名：**户外露营乐趣——装备＋自驾游＋野炊＋游戏＋摄影＋短视频**
　　　　　HUWAI LUYING LEQU: ZHUANGBEI+ZIJIAYOU+YECHUI+YOUXI+SHEYING+DUANSHIPIN
作　　者：王老飞

责任编辑：张亚慧　　　编辑部电话：(010) 51873035　　　电子邮箱：lampard@vip.163.com
封面设计：宿　萌
责任校对：苗　丹
责任印制：赵星辰

出版发行：中国铁道出版社有限公司（100054，北京市西城区右安门西街 8 号）
印　　刷：北京联兴盛业印刷股份有限公司
版　　次：2023 年 8 月第 1 版　　2024 年 9 月第 2 次印刷
开　　本：710 mm×1 000 mm　1/16　印张：14　字数：214 千
书　　号：ISBN 978-7-113-30281-8
定　　价：88.00 元

在如今快节奏的生活方式下，很多人忙碌于工作和学习之间，在一天结束之后，拖着疲惫的身躯回到家，根本没有精神再去做其他事情；等休息一晚之后，第二天又开始循环前一天的生活。

即使到了周末，大家也不想出门，甚至也因此缺少了和家人、朋友联系的机会。这种生活方式越来越常见，也不断让人思考，应该怎么去缓解？有什么方法可以改变这种现状？答案就是"露营"。露营是一次能加强家人和朋友之间联系的"短途旅行"，我们可以暂时忘记工作和学业的压力，远离城市的喧嚣，体会少有的静谧和悠闲。

在露营中，不仅可以跟家人、朋友交流感情，还可以跟他们诉说心事，缓解心中的烦闷。同时，也可以躺坐在椅子上，闭目养神，感受大自然的美好，从而放松身心、缓解疲劳。

但是，露营的相关事项大家都知道吗？很多人对于露营只有一个浅显的认识，认为只要搭建好帐篷就可以了。其实不然，在露营之前，首先需要确定露营的目的地，没有目的地，露营就像一场漫无目的的到处乱逛。

其次，需要提前准备好露营所需的装备，如厨具、餐具、照明工具等，还要考虑到露营地的天气情况，带好相关衣物和用品等。

再次，需要提前规划好出行方式，懂得一些自驾技巧，让旅途的时光不再无聊。还需要知晓一些露营小技巧，像迷路了该如何求救等，以便冷静地面对突发情况。

最后，露营的食材如何携带、露营应该吃什么、怎么在露营地制作食物等，都是我们在露营之前需要知晓并提前做好准备的。

　　为了让读者能够更加享受露营时光，本书针对上述问题进行了相关的装备推荐和技巧分析。

　　为了让露营时光变得更加充实、有趣，书中还提到了许多露营时可以举行的活动和玩耍的游戏，以及拍摄照片和短视频的技巧、无人机的使用方法等，可以让读者更好地感受大自然的魅力，留下美好的露营回忆。

　　本书在介绍露营的相关内容时，语言简洁易懂，能够让读者快速理解露营的相关攻略，为自己制订完美的露营计划，更加享受露营时光。

　　由于笔者知识水平有限，书中疏漏之处在所难免，恳请广大读者批评、指正。

王老飞
2023 年 5 月

目 录

第 9 章 无人机航拍：欣赏别样的美景 / 194

第 1 章

露营装备：做好露营的准备

露营装备准备是露营前极为重要的一个环节，露营装备是露营开始的前提条件。准备好露营装备，能让我们更加顺利地进行露营；选择合适的装备，能让我们更加享受露营的时光。

001 帐篷

提到露营，首先想到的就是居住环境，那帐篷自然是不可或缺的装备了。在帐篷的选择上，应该从多方面进行思考，以满足自身的需求。

首先是帐篷的类型。帐篷作为大家露营时休息的场所，其类型的选择会直接影响到露营体验。帐篷主要分为"旅游型"和"高山型"两类，如图1-1所示。

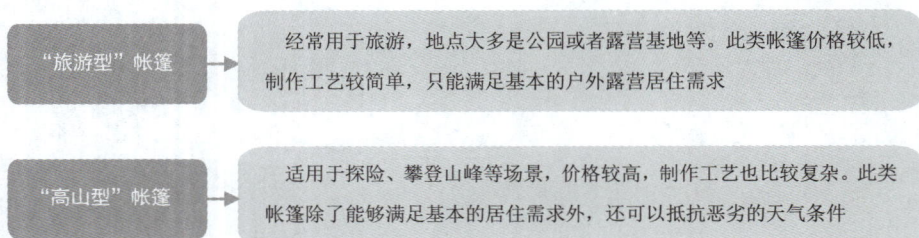

"旅游型"帐篷	→	经常用于旅游，地点大多是公园或者露营基地等。此类帐篷价格较低，制作工艺较简单，只能满足基本的户外露营居住需求
"高山型"帐篷	→	适用于探险、攀登山峰等场景，价格较高，制作工艺也比较复杂。此类帐篷除了能够满足基本的居住需求外，还可以抵抗恶劣的天气条件

图1-1 "旅游型"帐篷和"高山型"帐篷

可以根据自身的情况来选择适合的帐篷类型，日常露营考虑的主要是前者，也就是"旅游型"帐篷。

对于新手来说，搭建帐篷可能会花费大量的时间。因此，对于没有经验的人来说，全自动速开帐篷就是一种不错的选择，搭建时不仅简单、不费力气，而且容易上手，适合在公园或者露营基地中使用，如图1-2所示。

图1-2 全自动速开帐篷

　　当然, 对于享受搭建帐篷过程的人, 可以选择手动搭建的帐篷。在搭建手动帐篷前, 首先检查帐篷的各个组成零件是否齐全。在搭建帐篷时, 应该仔细阅读说明书或观看演示视频, 最好是同一品牌、同一型号的相关说明, 避免小细节不对影响帐篷的稳固性。做完这些准备工作后, 就可以开始搭建帐篷了。

　　除了考虑帐篷的搭建方式, 在选择帐篷时, 还应该考虑帐篷的材质、露营的季节、露营的总人数、露营的目的地和露营的距离等, 购买最符合当前露营需求的帐篷。

【露营装备小技巧】

（1）最好选择有质量保障的帐篷品牌。

（2）要从实用性出发选择合适的帐篷, 注重防风挡雨的效果。

（3）使用完棉质的帐篷要记得晒透后再存放, 特别是在雨天使用过后。

（4）帐篷不可机洗, 最好手洗, 而且需要使用非碱性清洗剂。

（5）尽量不要穿鞋进入帐篷内部, 否则容易划破内帐底部。

002 天幕

　　天幕是露营的重要活动区域, 除了在帐篷里的时间, 我们的大多数活动是在天幕下进行的, 如吃饭、聊天等。天幕在露营中的作用具体如下:

（1）提供防风和挡雨的效果。

（2）提供大面积的紫外线防护。

（3）提供更大范围的活动空间。

（4）提供更宽广的视线范围。

　　对于露营来说, 天幕是非常重要的一个物品。应该如何选择天幕呢? 需要先了解一下常见的天幕类别, 如图1-3所示。

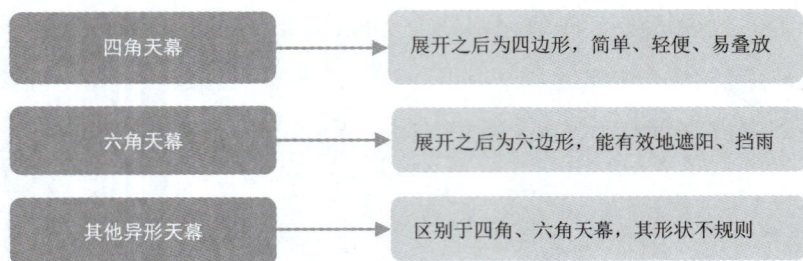

图1-3　常见的天幕类别

1. 四角天幕

四角天幕展开之后的形状是一个四边形，不仅简单、好搭建、好折叠，而且容易收纳、方便携带。四角天幕作为常见的天幕之一，在露营基地随处可见，其外形如图1-4所示。

2. 六角天幕

跟四角天幕相比，六角天幕的不同之处在于它中间的两个核心支撑点往外撑开，展开之后是一个六边形，在原来的基础上延长了可使用的面积，能够更加有效地遮挡太阳和雨水，因此更加实用，其外形如图1-5所示。

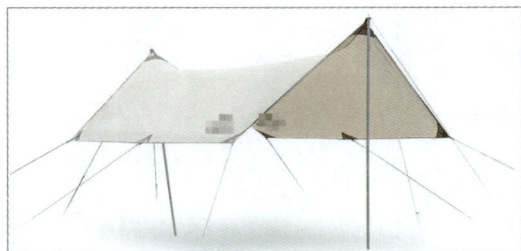

图1-4　四角天幕

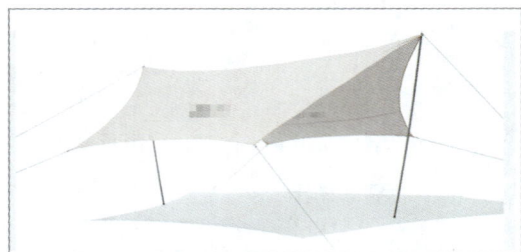

图1-5　六角天幕

3. 其他异形天幕

其他异形天幕的特点主要是形状不常见, 可能导致可使用范围缩小, 所以实用性较差。其他异形天幕如图1-6所示。

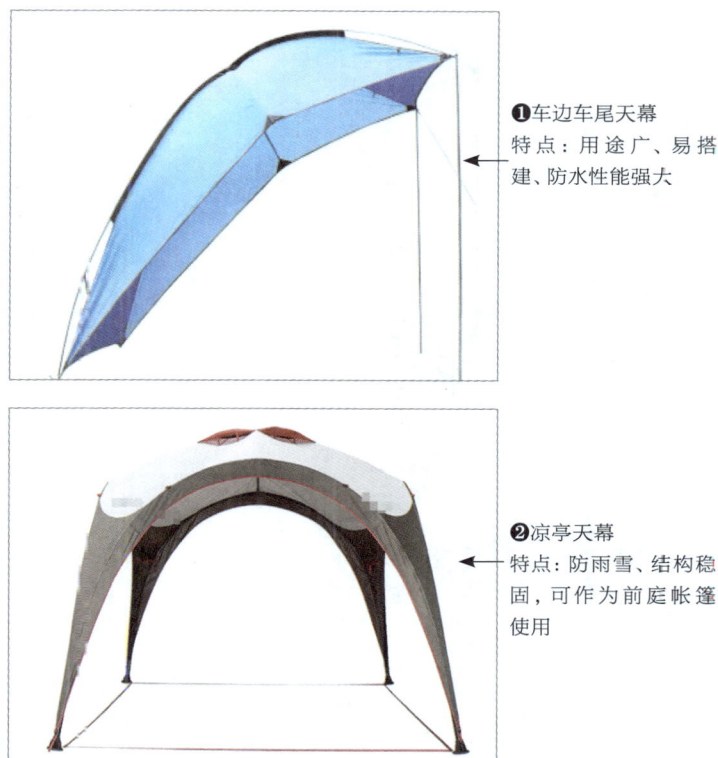

❶车边车尾天幕
特点: 用途广、易搭建、防水性能强大

❷凉亭天幕
特点: 防雨雪、结构稳固, 可作为前庭帐篷使用

图1-6　其他异形天幕

【露营装备小技巧】

(1) 在夏天的时候可以选择浅色系的天幕, 不容易吸热。

(2) 使用完棉质的天幕要记得晒透后再存放, 特别是在雨天使用过之后。

(3) 露营不过夜时, 天幕的实用性比帐篷的实用性更强。

(4) 搭建天幕时, 先固定四个角, 把中间的撑竿斜着放, 再调整整体。

CAMPING

ENJOY CAMPING LIFE

life

CAMPING / SHARE

天幕的具体搭建步骤如下。

▶▶ 步骤1　将天幕平铺展开到地面上，把天幕杆准备好放到旁边，在天幕的各处拉环上绑好风绳，并打好地钉将风绳固定好，如图1-7所示。

▶▶ 步骤2　将天幕杆套进中间的扣环处，然后将其向上撑起，使天幕基本成型，如图1-8所示。

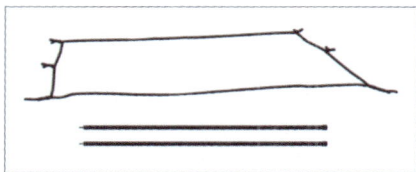

图1-7　平铺天幕及天幕杆　　　　　　　　图1-8　固定天幕杆

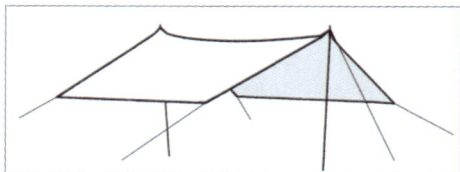

▶▶ 步骤3　拉紧所有的风绳，并且固定好。

003. 地垫和防潮垫

地垫和防潮垫是露营时的必需物品。地垫是在帐篷外进行活动的场所；防潮垫是帐篷内必不可少的物品，放置在帐篷的底部，用来隔绝地面和人体。

1. 地垫

地垫一般用来进行野餐、躺卧等活动，也可以在上面进行短暂的休息。如果外出露营时不想携带重量大的桌椅，就可以选择带上一块地垫，在上面进行活动，非常方便。

在地垫的选择上，首选防潮隔热材质的，可以阻断地面上的湿气和热气，防止物品被打湿，夏天也能使用。常见地垫如图1-9所示。

2. 防潮垫

搭建帐篷，一定不能缺少防潮垫。防潮垫的主要功能是防潮和保暖。防潮垫可以垫在帐篷的底部，以隔绝地面和人体，不仅能减少人体热量的损失，也能防止地面的湿气传到人体上。常见防潮垫如图1-10所示。

图1-9　地垫

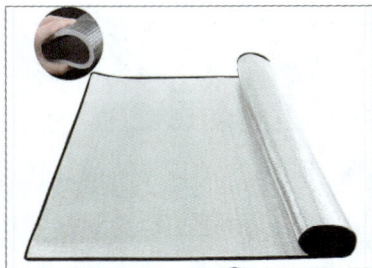

图1-10　防潮垫

尤其对于需要过夜的露营者来说，更需要准备防潮垫。因为早晨的水汽很多，如果没有防潮垫，很容易打湿帐篷中的物品，甚至将湿气传到人体上，引发感冒。

【露营装备小技巧】

（1）地垫最好选择稍厚一点儿的，否则容易被地面上的草和石头硌到。

（2）铝膜防潮垫只需用纸巾即可擦拭干净，而且也不容易粘住东西。

004 充气床垫

在露营时，我们会更加重视睡眠环境。但是，又不能直接躺在防潮垫上面睡一整晚，直接躺在防潮垫上第二天起来身体会很不舒服，这时我们可以准备一个充气床垫，如图1-11所示。

图1-11　充气床垫

充气床垫除了可以让睡眠环境更加舒适，还有很多其他的优点，具体如下：

（1）保暖性好，而且不同材质具有不同的保暖效果。

（2）柔韧性好，而且由于充气的原因，会使得身体跟防潮垫有一定的距离。

（3）轻便性好，使用充气泵充气，露营结束后放掉气即可收纳，非常方便。

（4）实用性强，具有弹性，不容易变形，能够重复使用。

【露营装备小技巧】

（1）选择结实耐磨材质的充气床垫，能提高重复利用率。

（2）充气床垫的收纳要按照说明书操作，以便更好地携带和保存。

005. 折叠床

折叠床一般指单人休息的可折叠床，如图1-12所示。折叠床一般是不过夜露营的休息工具，用于午后小憩或者临时休息。因为它不适合整晚的休息，没有保暖性，所以在需要过夜的露营中不太常用。

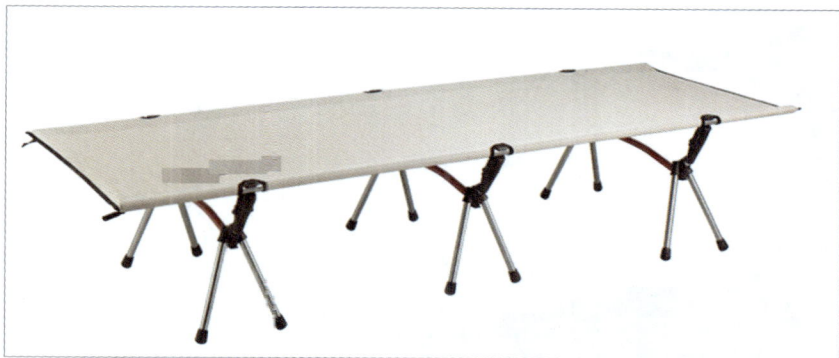

图1-12　折叠床

但是，如果我们露营时不准备过夜，就可以考虑折叠床。折叠床虽然不保暖，但是也有很多优点，具体如下：

（1）折叠性好，收纳起来不占空间，能轻松携带。

（2）实用性强，折叠床跟地面有很高的距离，会更适合睡眠。

【露营装备小技巧】

（1）折叠床可以当作凳子使用，空间也很大。

（2）折叠床能够循环使用，安装起来很方便。

折叠床的具体安装步骤如下。

▶▶ 步骤1　将两根长的圆管插入床面，如图1-13所示。

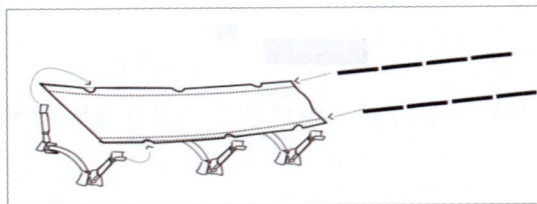

图1-13　将两根长的圆管插入床面

▶▶ 步骤2　用杠杆锁定支架位置，把两个支架安装到圆管里，并且固定好，如图1-14所示。

▶▶ 步骤3　安装好所有的支架，即可完成折叠床的安装，如图1-15所示。

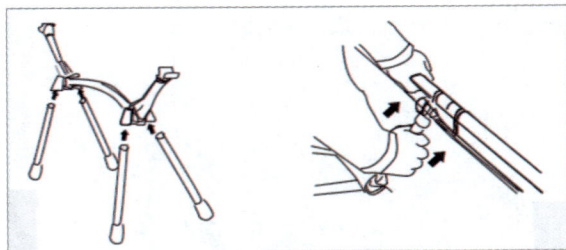

图1-14　用杠杆锁定支架位置，并将支架安装固定到圆管里

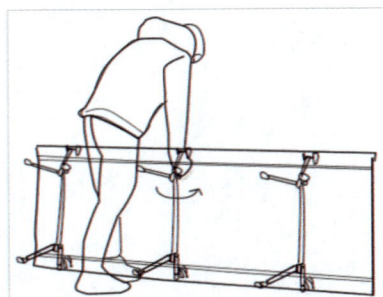

图1-15　安装好所有的支架

006 充气枕头

在露营时，如果充气床垫没有自带的枕头，就需要单独准备一个充气枕头，让睡眠环境更加舒服。充气枕头的主要特点为轻便、体积小、容易携带，而且能够保护颈椎，其外形如图1-16所示。

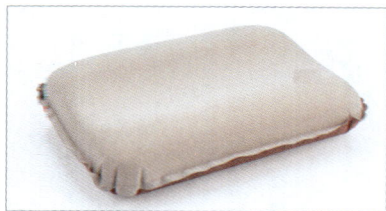

图1-16　充气枕头

充气枕头的收纳非常方便，很适合外出携带，具体收纳步骤如下。

▶▶ 步骤1 将充气枕头翻至背面，打开放气气阀，利用抽气泵抽掉气体，如图1-17所示。

图1-17　利用充气泵抽掉气体

▶▶ 步骤2 抽气完成后，快速关闭气阀，接着一边卷一边把剩余气体排出，如图1-18所示。

图1-18　关闭气阀，将枕头卷好

▶▶ 步骤3 利用绑带将已经卷好的枕头绑住，最后放进收纳袋中，即可完成收纳，如图1-19所示。

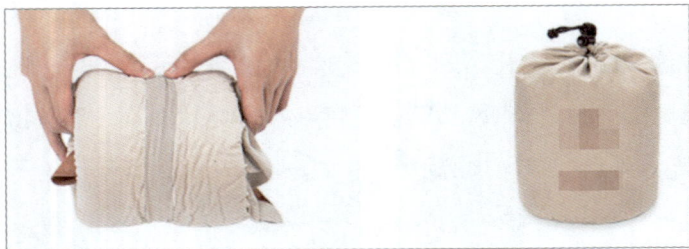

图1-19　用绑带绑住枕头，放入收纳袋中

007. 睡袋

睡袋具有良好的保暖性，能使人体维持一种恒温的状态。特别是在冬季露营时，睡袋能有效供给人体舒适的温度，使人不容易着凉，其外形如图1-20所示。

图1-20　睡袋

【露营装备小技巧】

（1）虽然睡袋是可循环利用的物品，但是也需要好好保护它。最重要的环节就是清洗了，而且不是所有睡袋洗得越勤越好，如棉质睡袋1年左右清洗一次、羽绒睡袋4年左右清洗一次即可。

（2）不同季节选择的睡袋也不同。冬季户外的气温很低，睡袋的保暖效果就更为重要。

008. 地钉和鱼骨钉

地钉和鱼骨钉是露营时搭建帐篷的重要道具，主要用来固定帐篷和天幕，防止帐篷和天幕被风吹走。

1. 地钉

地钉一般用于地面上，用来固定帐篷或者天幕，以此稳固地基，如图1-21所示。在搭建帐篷和天幕时，地钉还有固定的角度，当地钉与地面呈45°～60°时其承受力最大，所以要牢牢记住这一点。

图1-21　地钉

另外，在露营时，要记得带地钉锤，否则徒手是很难使地钉牢固的，如图1-22所示。地钉锤要选择那种有强劲冲击力但是又能轻松拿起来的，锤身最好配备一根安全织带，在进行捶打敲击的时候，可以将织带缠绕在手臂上，不要太紧也不要太松，舒服就可了，以防锤子意外从手中脱离，保护自身的安全。

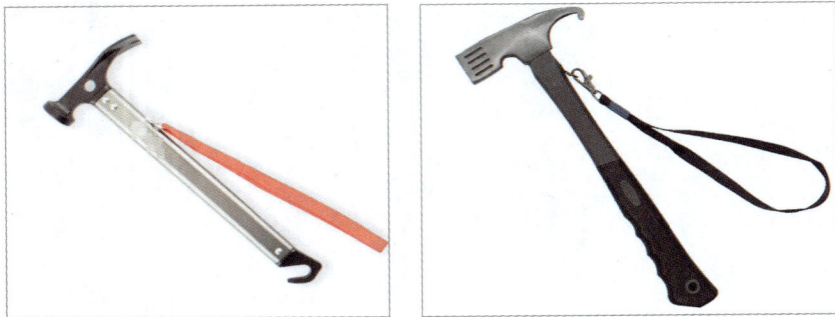

图1-22　地钉锤

2. 鱼骨钉

鱼骨钉，跟它的名字一样，形状像一块鱼骨，如图1-23所示。跟地钉相比，鱼骨钉更适用于栈板露营。由于它独特的设计，很难用锤子打入地底下；相反，对于栈板和木板来说，只需要将鱼骨钉变换一下方向就可轻易移入木板中。

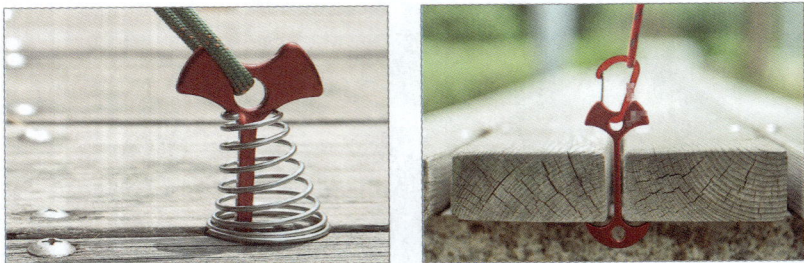

图1-23　鱼骨钉

【露营装备小技巧】

（1）地钉一部分固定在地面上，套入绳子挂上固定即可完成。

（2）最好选择有不锈钢弹簧的鱼骨钉，因为弹簧可以有效防止鱼骨钉因为绳索松动而脱离木板，相对而言更加安全。

009 收纳箱和保温箱

俗话说"民以食为天"，在露营时，除了睡觉，最重要的就是吃了。但是我们也知道, 露营不比在家, 没有冰箱可以收纳、保鲜和冷藏食物, 这时候收纳箱和保温箱就显得非常重要了, 不仅可以减少食物受到外在碰撞, 也可以保持食物的新鲜度。除了放食物外, 收纳箱还可以收纳许多零散的物品, 如地钉、地钉锤、餐具、晾衣置物绳、手电筒等, 方便之后物品的寻找。

1. 收纳箱

收纳箱能够将各种零散的物品收纳在一起, 对于露营的人来说, 准备收纳箱还是很有用的。首先, 可以收纳一些不需要保温、保鲜的食物, 以保持食物的干净; 其次, 可以将容易被忽略的小物件放到收纳箱里, 既能节省空间, 也能节省寻找时间, 而且看起来十分整洁; 最后, 收纳箱也可以充当小的桌子来使用, 在上面放一些零食、饮料都是可以的。

收纳箱的选择也很重要, 像图1-24所示的铝镁合金材质收纳箱, 其承重能力非常好, 在空间足够容纳的情况下, 可以放许多比较重的东西, 如饮料、矿泉水等。而且, 在收纳箱的上面也能放一些重的东西。在露营时可以对它进行多层叠加, 以减少占地面积。除比之外, 这种材质的收纳箱抗压能力也非常强, 不会轻易被外力挤压变形。

图1-24　收纳箱

但是这种材质的收纳箱也偏重一些, 如果想要更轻一些的收纳箱, 就可以选择家用常规款收纳箱。虽然它的承重能力和抗压能力都没有铝镁合金材质的好，但是胜在重量轻，露营时可以用来收纳衣物等比较轻的东西。

2. 保温箱

保温箱的主要功能有三点：保温、保鲜、冷藏，分别用来储存不同类别的食物，如图1-25所示。

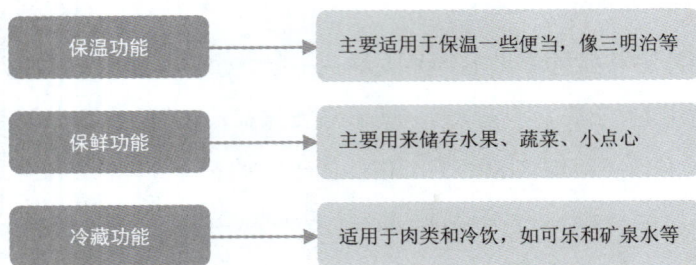

保温功能	→	主要适用于保温一些便当，像三明治等
保鲜功能	→	主要用来储存水果、蔬菜、小点心
冷藏功能	→	适用于肉类和冷饮，如可乐和矿泉水等

图1-25　保温箱的三大主要功能

去露营，特别是在营地过夜时，大多数人携带的东西都会以轻便为主。但是也有很多不过夜的露营者，他们在离家不远的地方进行露营，首先考虑食物的品质，像一些新鲜冷饮和食物等，这时候就需要一只保温箱了。

可以按照自己的需求去选择足够容量的保温箱。如果东西太重，则可以考虑底部带轮子的保温箱，减轻负担。而且，此类保温箱一般会配备伸拉杆，适合拖拉比较重的物品，也适合长时间的行走。可拖拉式保温箱如图1-26所示。

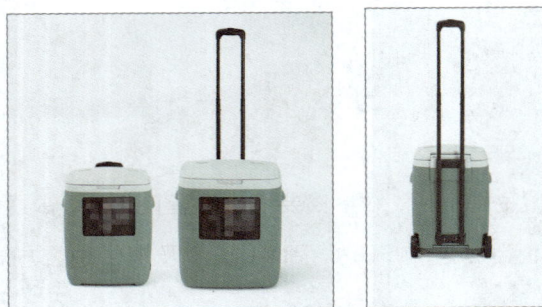

图1-26　可拖拉式保温箱

除了这种带轮子的可拖拉式保温箱，还有一种常见的手提式保温箱，如图1-27所示。这是一种便携式保温箱，它没有轮子，是手提的设计，所以内部物品的选择取决于自己双手所能承受的重量范围。跟可拖拉式保温箱相比，它的容量一般来说更小，因为手提时会更加消耗体力。

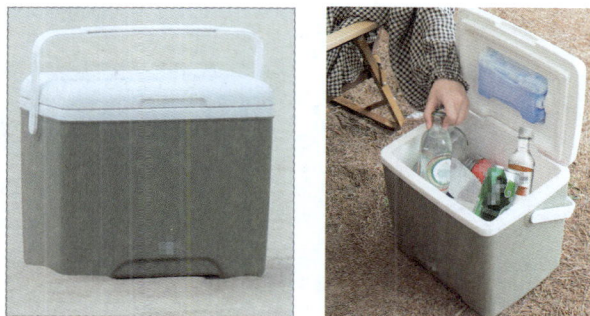

图1-27　手提式保温箱

【露营装备小技巧】

（1）收纳箱没有保温功能，可以放露营用的小物件。

（2）保温箱更适合放食物和饮品。

010　晾衣置物绳

晾衣置物绳主要用来挂东西。如果帐篷足够大，则可以将绳子安置在帐篷里面，像洗漱用品、毛巾都可以挂在上面。如果露营时长超过一晚，需要对衣物进行清洗，也可以将置物绳悬挂在树上，把洗干净的衣物晾晒在上面。

除此之外，晾衣置物绳还能用来放置露营的餐具，如锅、茶壶等，不仅能够节省摆放的空间，而且拿取更加方便。

在选择晾衣置物绳时，我们不仅要考虑露营的时长、帐篷的大小和被挂东西的重量，还要考虑晾衣置物绳的稳固性、长度及携带是否方便等问题，其中最主要的还是稳固和轻便。如果上述条件都满足，就可以从它的收缩性出发，选择更满足自身需求的晾衣置物绳。

有一种盒式晾衣置物绳，如图1-28所示。这种置物绳的收缩性好，能通过摇把来收缩绳索，收纳非常方便、快捷，而且不会缠绕打结，收起来之后体积非常小巧，适合出行。盒式晾衣置物绳还自带挂扣，可以直接挂在背包上面，节省空间。除了这些特色，这种置物绳还配备了固定卡扣，可以按照衣物的数量自行移动卡扣的位置，这样就能够有效防止衣物出现拥挤的现象。

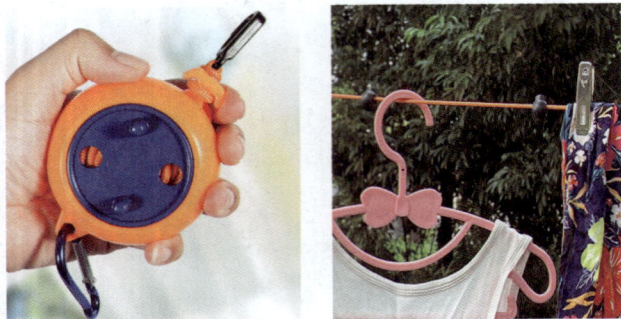

图1-28　盒式晾衣置物绳

除了这种盒式晾衣置物绳，还有另一种栅栏式晾衣置物绳，如图1-29所示。这种晾衣置物绳最大的优势就是绳身自带卡洞，不需要手动调节卡扣的位置。除此之外，自带的卡洞可以免于对绳子进行打结，只需要用卡洞钩住钉子就可以轻松固定。虽然跟盒式晾衣置物绳相比，栅栏式晾衣置物绳的收纳性和易携性没有那么好，但是它更长一点，也更轻一点。

卡洞

图1-29　栅栏式晾衣置物绳

【露营装备小技巧】

（1）晾衣置物绳的实用性很强，非常适合露营。

（2）可以学习一些绳索打结的方法，使置物绳更加牢固。

011 急救箱

在出发露营前，准备好一只急救箱非常重要，因为在户外我们无法避免发生意外，所以需要提前做好一些准备。急救箱如图1-30所示。

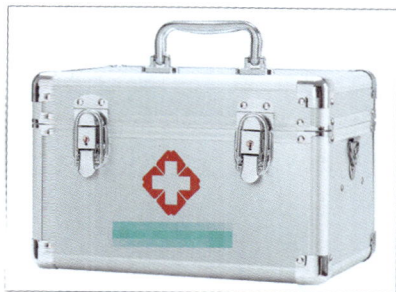

图1-30　急救箱

急救箱里面应该提前准备好一些紧急常用药，如感冒药、退热贴、消毒酒精、碘伏、纱布、棉签、创口贴、驱虫药、体温计、烧伤药、止痛药等。如果怕麻烦或者不知道放什么药品，则可以选购自带药品的急救箱，如图1-31所示。自带药品的急救箱里的药品都是在有效期内的，但是在出发露营的前几天还是要仔细检查一下，有备无患。

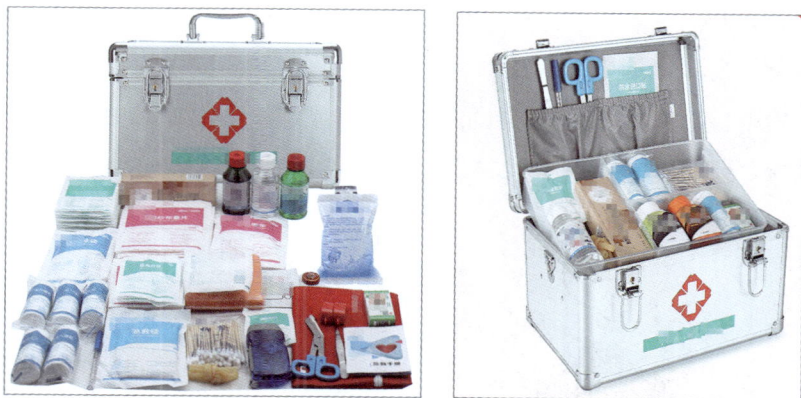

图1-31　自带药品的急救箱

急救箱里的药品摆放也有技巧，如瓶装的液体应该放置在急救箱的下面，上面放一些冲剂之类的药品及棉签、创口贴等急用药品。

在户外磕磕碰碰非常常见，如越过草丛的时候，可能会被刮伤；夜晚睡觉时，可能会被蚊虫叮咬；使用刀具时，可能会不小心被划伤；不小心淋到雨时，可能会感冒等。为了有效处理这些突发情况，或者说为了将事件发生后的伤害性降到最低，在露营时，一定要携带一只急救箱，不要贪图轻便而不拿。

【露营装备小技巧】

当发生意外时，可以使用碘伏擦拭伤口。因为碘伏的刺激性非常小，更适用于擦拭伤口，而且它对伤口有消毒杀菌的作用。碘酒虽然也有消毒杀菌的作用，但是由于它的刺激性很大，所以不能直接接触伤口，甚至可能会延长伤口的愈合时间。

012 露营灯和氛围灯

在露营的夜晚，最不可缺少的就是照明工具，每个喜爱露营的人都知道户外晚上灯光的重要性。一般出去露营，主要会携带两种灯：一种是露营灯，另一种是氛围灯，虽然它们的侧重点不一样，但是有同一个作用，就是给营地的夜晚带来光亮，为露营者提供方便。

1. 露营灯

露营灯是露营时的照明工具，在露营的晚上就需要用到它，如图1-32所示。对于需要在户外过夜的人来说，露营灯是必不可少的物品，晚上的行动都要依靠露营灯才能进行下去，所以可以多准备一只露营灯以备不时之需。

图1-32 露营灯

在露营灯的选择上，需要注意以下几点。

　　首先，要关注露营灯电池的续航能力，续航时间越长越好。一般的露营灯都是采用Type-C接口进行充电的，所以需要提前准备好备份电源。最好不要选择只可以用太阳能充电的露营灯，因为天气不可预测，要做好万全的准备。

　　其次，要选择防水性能好的露营灯。这时候就要区分防水的层级了，有完全防水的露营灯，也有只可以首尾部或者外壳沾湿的露营灯，要按照天气条件去选择。

　　再次，要选择可以调节亮度的露营灯，在需要照明的时候调亮，在需要氛围的时候稍稍调暗。

　　最后，可以选择一种带挂钩或者有提手的露营灯，方便手提，能够随时移动。有需要的也可以配备一个露营灯架，将露营灯悬挂在上面，这样就能够增加照亮的范围，如图1-33所示。

图1-33　露营灯架

2. 氛围灯

　　氛围灯是晚上露营时不可或缺的氛围"制造机"，如图1-34所示。想象着在满天繁星的夜空下，亲朋好友围坐在自己身边，而身后不断闪烁着亮光，就像在漫天的星河下，萤火虫在空中飞舞，肯定特别温馨。

图1-34　氛围灯

　　氛围灯可以挂在天幕上、帐篷上，也可以放在草地上，摆成圆圈的形状，然后大家围坐在里面，玩游戏、讲故事等，特别有氛围感。而且，除了圆形的氛围灯，也可以购买一些特殊形状的氛围灯，如星星、月亮或者小灯泡，如图1-35所示。如果一家人出去露营，将这种形状的氛围灯吊挂在天幕上，就像真正的星星和月亮一样，小朋友们肯定会特别开心。

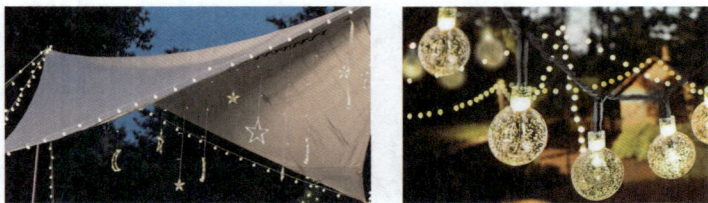

图1-35　不同形状的氛围灯

【露营装备小技巧】

　　（1）露营灯最好选择可以调节色温的LED灯（也叫发光二极管），能够适应多种环境。

　　（2）氛围灯也能用来照明，只是亮度没有露营灯的亮度大。但是氛围灯的数量多，照亮的范围会更广。

　　（3）氛围灯最好选择电池款，不需要充电，更为方便。

013. 小型手电筒或头灯

　　露营的夜晚，特别是远离居民区的地方都会特别黑，这时候照明工具显得尤为重要。除了露营灯，小型手电筒或者头灯都需要提前准备好，考虑到行程想要轻便一点，也可以只选择其中的一种。

1. 小型手电筒

准备一个小型手电筒，轻便且容易携带，非常适合露营这种类型的活动，晚上起来上厕所就可以用到，如图1-36所示。

图1-36 小型手电筒

小型手电筒的亮度还是比较高的，不方便的地方就是需要一直用手拿着，否则不能稳定控制光线的方向。因此，建议大家最好选择那种带有绳子的小型手电筒，避免丢失和掉落。

2. 头灯

头灯就是戴在头上的灯，如图1-37所示。相较于小型手电筒来说，头灯的使用更加方便，因为它可以在不使用双手的情况下达到照明的目的。而且在露营时，如果晚上下雨，需要行走或者搭帐篷，那么使用头灯也会更为方便，不仅能"解放"双手，而且还能提高行动速度。

图1-37 头灯

头灯在一般的露营场景中不太常见，主要原因是相较于小型手电筒来说，头灯没有那么好收纳和携带，而且头灯需要戴在头上，使用步骤更多了，有些人可能会觉得麻烦。

【露营装备小技巧】

（1）小型手电筒轻便、易收纳、容易携带，是露营时非常重要的一个物品，像上厕所、去帐篷里面拿东西等用小型手电筒会比较方便。而且如果有突发事件，小型手电筒也可以拿来应急。

（2）头灯能够稳定地控制照明的方向，但是更适合夜间的长时间行走。

014. 折叠桌

在露营时，可以使用折叠桌来摆放物品，如图1-38所示。折叠桌一般偏重，因为太轻的折叠桌容易被风吹动，在上面放东西也不安全。

图1-38　折叠桌

在露营时，选择折叠桌主要有四个方面的指标，如图1-39所示。除了这四个主要的选择指标，还有折叠桌的材质、形状等，这些都可以按照自身的喜好与需求去选择，没有什么硬性要求。

【露营装备小技巧】

（1）可以在折叠桌上制作美食、吃饭、玩游戏等。

（2）要选择坚固耐用的折叠桌，不能轻易就被压倒。

承重性	在折叠桌上可能会放较重的物品, 如锅、饮料、餐具等
稳定性	折叠桌越稳定, 上面摆放的物品就越安全, 但是也越重
面积	折叠桌的表面面积越大, 可供使用的范围就越大
可携带型	在满足使用需求的前提下, 尽量选择轻便一些的折叠桌

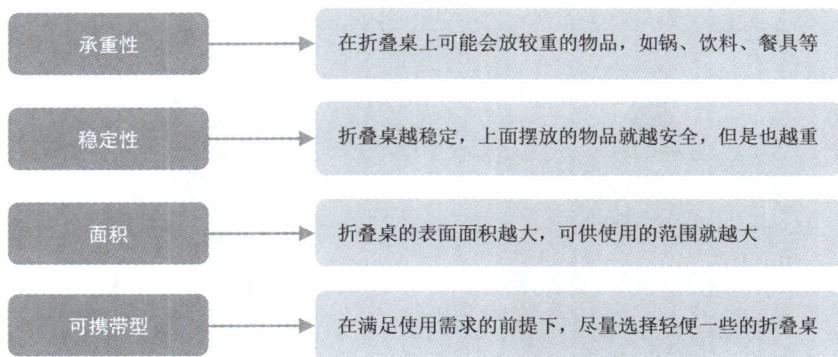

图1-39 折叠桌的选择指标

015. 衣服

一般大家准备去露营的时候都会看天气预报, 晴天出行的概率最高, 但是也有可能会碰到"天有不测风云"的情况, 这就需要在出行前准备好相关的雨衣, 不管是夜晚的露水还是雨水, 雨衣都可以保护衣服以免沾湿。如果是秋冬季节, 则还应该准备防寒服。秋冬季节气温低, 再加上下雨, 晚上的温度会比白天的温度更低, 保暖显得尤为重要。除此之外, 还需要准备一些轻便的衣服, 既能减轻徒步时的重量压力, 又可以防寒保暖, 如冲锋衣。

1. 雨衣

碰上下雨的露营, 雨衣显得尤为重要。一般的雨衣都是带帽子的, 在还没有搭完帐篷的时候下雨了, 就可以穿上雨衣快速地进行搭建, 效率会更高。雨衣如图1-40所示。

在雨衣的选择上, 一是要考虑雨衣的材质, 除了防水性要好, 还要透气。因为雨衣是非常贴身的, 如果不透气, 穿在身上就会非常闷热, 捂出汗就容易感冒。二是雨衣要轻便、易携带、容易收纳, 收纳后便于外出时携带, 不会让人感到笨重, 如图1-41所示。

图1-40 雨衣

图1-41 雨衣的收纳

2. 防寒服

防寒服既能挡雨抗风，又能防寒保暖，如图1-42所示。在冬季露营时，防寒服能发挥不可替代的作用。而且防寒服一般都非常轻便，穿上后不会有"累赘"的感觉。穿了防寒服后就不需要再穿特别多加绒的衣服了，出汗容易打湿衣服，一旦感冒就得不偿失了。

图1-42 防寒服

3. 冲锋衣

冲锋衣是露营、户外活动的常见衣服种类，如图1-43所示。冲锋衣这一名字最开始来源于登山最后两三个小时的冲刺，登山者脱下羽绒服，只穿着轻便的冲锋衣奔向山顶。

图1-43　冲锋衣和冲锋裤

冲锋衣之所以受到户外活动爱好者的欢迎，主要是因为它的三个优点，如图1-44所示。

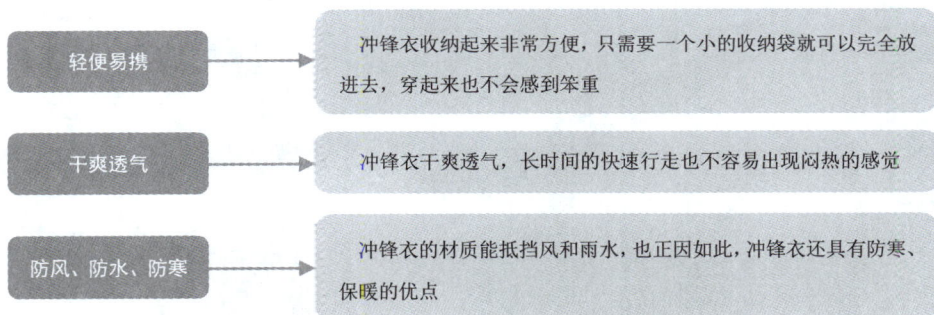

轻便易携	冲锋衣收纳起来非常方便，只需要一个小的收纳袋就可以完全放进去，穿起来也不会感到笨重
干爽透气	冲锋衣干爽透气，长时间的快速行走也不容易出现闷热的感觉
防风、防水、防寒	冲锋衣的材质能抵挡风和雨水，也正因如此，冲锋衣还具有防寒、保暖的优点

图1-44　冲锋衣的优点

【露营装备小技巧】

（1）露营衣物的选择要以轻便为主。

（2）秋冬季节露营，要注重衣物的防风、防雨、防寒和保暖效果。

016 月亮椅

月亮椅的外形跟月亮相似，如图1-45所示。月亮椅在露营时特别受欢迎，主要原因是它方便携带、容易收纳，虽然舒适性可能比不上其他类型的椅子，但是也不算差。综合考虑起来，月亮椅的性价比还是非常高的，特别是远距离的露营，应以轻便为主。

图1-45　不同类型的月亮椅

月亮椅的几种适用环境如下：

（1）月亮椅高度适中，可以坐在上面制作美食。

（2）在露营时，可以坐在月亮椅上钓鱼。

（3）到了晚上，可以围坐在一起聊天。

【露营装备小技巧】

（1）月亮椅的实用性很强，适合徒步。

（2）月亮椅很轻便，且容易携带。

017　背包

我们看到的露营者图片大多是背着一只大背包在行走，可以说露营者人手一只，背包里面放置了露营时需要用到的大多数物品。

背包是露营者的必备清单，如图1-46所示。那么，如何选择自己满意的背包呢？如果是徒步外出露宫，那么背包里面的东西应该极为轻简，不可过多、过重，否则徒步时间长了根本背不动。背包应该以实用为主，别被外形迷惑，要挑选专门用来露营的背包，这样的背包空间大、防水、防风，而且牢固。

图1-46　背包

　　背包除了用来背东西，还要注重它的防水性，有些背包就是采用防水材质制作而成的。在选择背包时，最好先看它是否配备防雨罩，也可以另行购买，如图1-47所示。

图1-47　防雨罩

【露营装备小技巧】

（1）在出发露营前，记得根据自己的身高和背负习惯调节好背包的背长。

（2）在挑选背包时，最好选择耐脏的颜色。

018. 户外电源

户外电源，顾名思义，是一种在户外可以使用的储存电源，有 Type-C、USB 等多个接口，可以对多种设备进行充电，而且非常稳定，是户外无常规电源的情况下最常使用的充电形式，如图 1-48 所示。

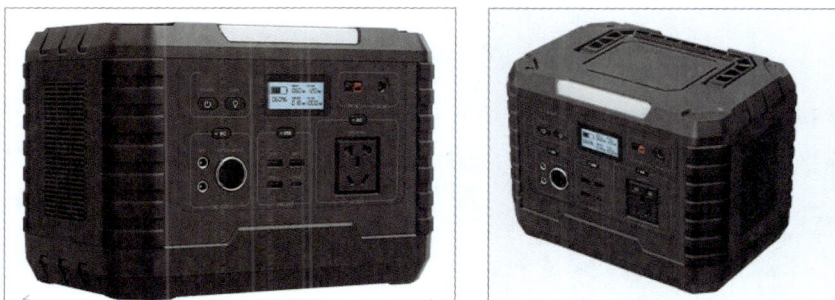

图 1-48　户外电源

外出露营准备一个户外电源，就不用担心没电了，它可以用来给各种电器充电，如图 1-49 所示。在选择户外电源的时候，首先要考虑它的重量和体积，尽量选择轻便一点的，常规 2～3kg 就可以了，太重了不易携带。

图 1-49　使用户外电源煮饭

其次，要根据自身需求来选择合适的电池容量，如露营时间的长短、电器的多少及耗电量的情况等都是我们在出行前需要估算的。

最后，还要考虑充电时间。不同品牌的户外电源的充电时间各不相同，根据自己能接受的时间范围去选择就可以了。

【露营装备小技巧】

（1）户外电源比较适合自驾游出行。

（2）户外电源的使用环境温度不宜过高或过低，最佳使用温度在0℃～40℃。

019. 露营小推车

除了背包，如果外出露营时我们的东西实在有点多，就可以考虑准备一个露营小推车，把一些大件的、重一点儿的物品放上去。注意要摆放好位置，并且拿绳子或者绑带固定好，不要还没到达目的地就掉下来了。

选择露营小推车需要考虑的关键点有如下几个：

（1）小推车的容量。

（2）小推车的承重能力。

（3）轮子的灵活性和承重力。

（4）拉杆的灵活性和质量。

（5）小推车的收纳速度和面积。

选择小推车的关键要素之一就是轮子，在露营时，特别是经过崎岖不平的地面时，轮子的质量显得格外重要。如果只是喜欢在家的周围露营，那么选择平常的窄轮即可。如果喜欢到山地、海滩等环境露营，那么越野轮会更加适合。

露营小推车的类型有很多，可以选择一种最常见的可折叠小推车。可折叠小推车推拉非常方便，底下带有四个车轮，不需要费很大的力气就可以将露营物品运到目的地，而且它的容量也比较大，但是这种类型的小推车一般不能放特别重的物品，如图1-50所示。

这种可折叠小推车也非常容易收纳，收纳好后不占地方。其折叠收纳过程如图1-51所示。

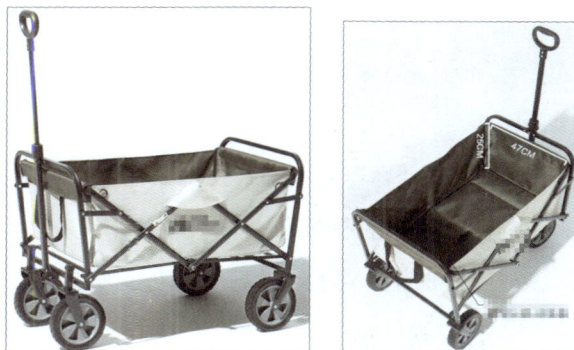

图1-50 可折叠小推车

图1-51 可折叠小推车的折叠收纳过程

这种可折叠小推车还有一个优点，就是它的上面可以加一块折叠板，固定好之后，原先的小推车就变成了一张小桌子，在上面可以放零食、饮料等物品，非常实用，如图1-52所示。

图1-52 可折叠小推车加上折叠板

【露营装备小技巧】

（1）在外出露营时，特别是一家人出行，东西肯定会很多，准备一个露营小推车会省力、省时不少。

（2）如果很长时间不使用小推车，则要记得清洗干净之后收纳起来。

以上就是露营前应该准备好的露营装备了，东西还是比较多的。虽说不是每种物品都必须携带，但是每种物品都有自己的用处，大家可以从中挑选一些自己觉得有用的物品放进自己的计划里面。

第 2 章

露营餐具：制作户外美食的器具

美食不可"辜负"，在露营时我们离不开食物，更离不开制作和盛装美食的器具，也就是餐具。餐具是制作美食时的重要器具之一，也是我们品尝美食的重要辅助器具，选择好合适的餐具也就算做好了制作美食的前期准备工作。

020. 便携式卡式炉

便携式卡式炉是一种能进行直火加热的可移动厨具，它的主要使用场景是家里、露营地和酒店。便携式卡式炉是露营的常见炉头，它在露营中非常受欢迎。

便携式卡式炉不仅携带轻松，而且使用也很方便。在露营时，随时都能用它来制作食物，不限时间和天气的变化。所以，便携式卡式炉也是露营时很常见的一种生火工具。常见的便携式卡式炉按照外形主要分为单眼型和双眼型。

1. 单眼便携式卡式炉

单眼便携式卡式炉只有一个炉头，收纳起来非常方便，但其面积会比双眼便携式卡式炉的小一些。单眼便携式卡式炉又可以细分为迷你型和超薄型，如图2-1所示。

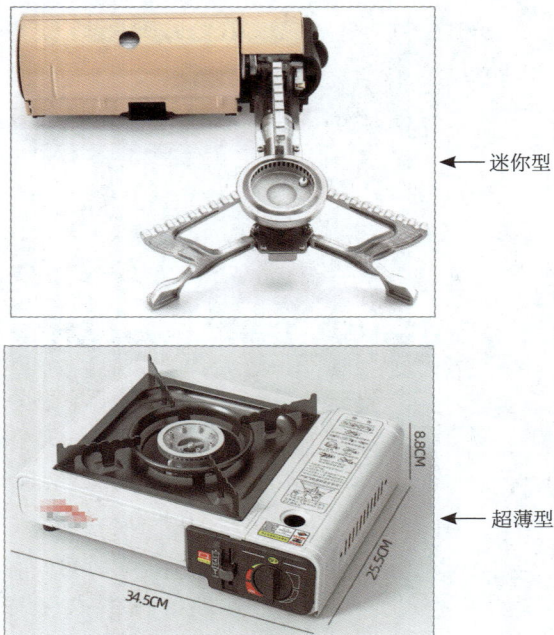

迷你型

超薄型

8.8CM
25.5CM
34.5CM

图2-1　迷你型和超薄型的单眼便携式卡式炉

在这两种单眼便携式卡式炉中, 最容易收纳和携带的就是迷你型单眼便携式卡式炉, 只需要在使用完之后把气罐取出, 并将支架折叠, 然后把折叠好的支架放入之前放气罐的位置就可以了, 适用于人数较少的露营。

迷你型单眼便携式卡式炉收纳完之后, 看起来就像一只稍微大一点儿的保温杯, 最后将它装到收纳袋里面, 只用一只手就可以提着走, 非常轻便, 如图2-2所示。

图2-2　迷你型单眼便携式卡式炉的收纳过程

超薄型单眼便携式卡式炉的收纳也很简单, 在使用完之后, 先检查是否关闭阀门, 再将里面的气罐取出来。超薄型单眼便携式卡式炉一般会自带一只收纳箱, 里面有专门放置卡式炉、气罐等装置的固定凹槽, 只需要按照规定的位置将其放好, 最后将收纳箱锁好即可, 如图2-3所示。

图2-3　超薄型单眼便携式卡式炉的收纳箱

2. 双眼便携式卡式炉

双眼便携式卡式炉有两个炉头, 如图2-4所示。这种类型的卡式炉虽然占地面积更大一些, 但是可使用的面积也更大了。它的两个炉头能够节省不少的烹饪时间，在露营人数较多的时候，可以一边熬汤、一边炒菜，或者一边烧烤、一边涮火锅。而且两边的火候大小也不受对方影响，能自由调节。

图2-4　双眼便携式卡式炉

【露营餐具小技巧】

（1）便携式卡式炉的气罐容量不大，如果露营人数较多，需要多准备几个。

（2）便携式卡式炉虽然比较耐用，但在出发露营前最好先使用一下，避免因卡式炉零件老化而打不着火。

021　户外柴火炉

户外柴火炉是一种在户外场景中使用的火炉，它的特别之处在于以柴火为主要燃料。户外柴火炉最大的优点就是晚上可以用来照明和取暖，而且跟使用气罐做燃料的卡式炉相比，其安全隐患更少。

但是，户外柴火炉也有不足之处，那就是火力不太平稳，时而大时而小，不好控制，而且它的准备时间比较长，因为需要提前开始燃烧柴火。

户外柴火炉有两种类型：一种是不可折叠户外柴火炉，另一种是可折叠户外柴火炉。不可折叠户外柴火炉的形状、收纳空间不会发生改变，所以去露营时要考虑这个问题。

不可折叠户外柴火炉一般分为上、中、下三部分：最上面放锅具，用来烹煮食物，也可用来烧烤或者煎炒等；中间是柴火的燃烧区域，用来提供热量；底下是通风口和柴火灰烬的存放地，通风口用来给中间的柴火燃烧提供氧气，在柴火燃烧完之后，柴火灰烬会通过底下的小孔掉落到下面。

可折叠户外柴火炉与不可折叠户外柴火炉拥有相同的构造，都由三部分构成，各部分的功能也差不多，如图2-5所示。

图2-5 可折叠户外柴火炉

但是，跟不可折叠户外柴火炉相比，可折叠户外柴火炉有一个明显的优点，就是它的收纳性和可携带性更好。可折叠户外柴火炉的收纳只需要简单三步即可完成，首先将上、下两部分拆开，然后折叠好上面的部分，最后将折叠好的部分归置在底座上面，如图2-6所示。

图2-6 可折叠户外柴火炉的收纳

因为柴火易受天气的影响，而且自带柴火太过笨重，所以户外柴火炉在冬季露营中更加常见。而且户外柴火炉不需要用电，只需要干燥一点的柴火就行了，不管是对于露营还是对于徒步探险的人来说，都是非常方便的，路边随便找一些碎叶、木屑、树枝等都可以生火，既不用担心柴火会用完，又方便携带。

在选择可折叠还是不可折叠户外柴火炉上面，没有太大的区别，因为它们的作用差不多。如果不想麻烦，可以选择不可折叠户外柴火炉，但是会占一部分空间。如果首先考虑体积和易于携带，可以优先选择可折叠户外柴火炉。

专家提醒

　　在露营时如果使用了柴火炉，那么在使用完之后，记得就地掩埋柴火灰烬，要确认完全没有安全隐患之后才可以离开。如果是烧炭的就更要注意了，一定要用冷水熄灭，以免有后顾之忧。

【露营餐具小技巧】

（1）户外柴火炉在使用上比较安全，但是要注意灰烬是否完全熄灭的问题。

（2）除了制作食物，户外柴火炉还可用来取暖。

022. 坐地气炉

　　坐地气炉通常是一种分体炉，也就是它的炉头跟气罐是分开的，不像便携式卡式炉那样炉头跟气罐是一体的，如图2-7所示。使用坐地气炉通常要购买一个单独的气罐，尽量选择跟炉头相匹配的同一品牌的气罐，在网上或者实体店里购买时都会有相关的产品推荐。

图2-7　坐地气炉

　　坐地气炉的炉头尾部会有一根输气管，是用来连接气罐的，如图2-8所示。

图2-8　输气管

　　这根输气管可以控制气罐的燃气输出，燃气大小可以自由调节，使用起来非常方便。而且因为气罐跟炉头是分开的，所以，长时间使用也不会产生气罐受热的现象，比较安全。但是，也正因为气罐跟炉头是分开的，所以，外出携带时不是很方便，也不太好收纳。

　　如果坐地气炉的顶部可放置面积比较小，也可以在炉头的上方放置一个炉头支架，然后把盆或者锅具放到上面，除了正常的烹饪过程，还可以对它进行加热处理，如图2-9所示。

图2-9　坐地气炉的使用

【露营餐具小技巧】

（1）坐地气炉可以自由选择气罐的大小。

（2）坐地气炉在使用时要与气罐相隔一定的距离，以免温度过高发生意外。

023. 烧烤炉

　　露营的美食除了火锅、家常菜，最令人兴奋的就是烧烤了。不知道为什么，一提起露营，很多人第一时间想到的就是烧烤，特别是人多的时候去露营，吃烧烤会是一件特别有幸福感的事情。如果想要在露营时举行烧烤活动，需要提前准备好一只烧烤炉，如图2-10所示。

　　因为是去露营，所以在烧烤炉的选择上要以轻便为主。烧烤对不会做饭的人来说非常友好，因为它的制作非常简单，所以参与烧烤的人有很多。这时候不用特别明确地进行分工，可以随心地想吃什么烤什么，毕竟出来露营，最重要的是开心和享受，而且这样也不容易浪费食物，可谓一举两得。

图2-10　烧烤炉

【露营餐具小技巧】

（1）烧烤炉在使用完之后，要等温度完全降下来再进行清洗。

（2）在使用烧烤炉时，要记得远离树木较多的区域，以免发生意外。

024 迷你炉头

迷你炉头，从名字就可以想象到它的体积肯定特别小，其大小跟气罐差不多，重量也特别轻。

迷你炉头跟其他炉头一样，都能够在户外对食物进行烹煮，如图2-11所示。但是迷你炉头的体积太小了，只能负担起小锅和小烧水壶等物品。而且它的火力也比较弱，那种需要煮特别久才能吃的食物最好不要使用迷你炉头进行制作。另外，迷你炉头不太稳定，容易倒，要时刻注意它的动向，以防发生危险。

图2-11　使用迷你炉头做菜、烧水

【露营餐具小技巧】

（1）迷你炉头小巧、轻便，很适合携带，在露营时可以准备一个以备不时之需。

（2）迷你炉头不太适合多人露营，因为人多时它可能负担不过来，而且需要频繁地替换燃气，非常麻烦，也不太安全。迷你炉头就跟那种有限定功率的会断电的小锅一样，两人左右还是能够使用的，人数太多了可能就会耗费时间。

025. 酒精防风炉

说到酒精防风炉，首先想到的应该是使用酒精炉来进行加热的食物，如铁板牛肉、铁板鱿鱼丝等。虽然和其他炉头相比，酒精防风炉听起来没有那么安全，但是只要掌握了正确的操作步骤，基本上不会发生危险。常见的酒精防风炉都比较小巧、容易携带，如图2-12所示。

图2-12　酒精防风炉

在露营时使用酒精防风炉有如下优点：

（1）酒精燃料容易购买。

（2）小巧，方便携带。

（3）具有防风护罩。

（4）可以密封储存。

（5）火力大，而且能够调节火力。

各种酒精防风炉的用法大体上差不多，具体使用步骤如下。

▶▶ 步骤1 取出酒精炉和灭火盖，将酒精炉放入支架里面，如图2-13所示。

图2-13 放置好酒精炉

▶▶ 步骤2 将酒精倒入酒精炉中间（不要倒得太满，按照说明书或者演示视频来操作），放置好酒精炉头，点火，再将茶壶等物品放上去等待即可，如图2-14所示。

图2-14 使用酒精炉

▶▶ 步骤3 使用结束之后，最重要的就是酒精炉的熄灭。可以等它燃尽之后，盖上炉盖和灭火盖，冷却一段时间后再收纳起来。

除了这种用来烧水泡茶的小型酒精防风炉，还有一些稍微大一点儿的酒精防风炉，可以用它来煮菜、制作美食，如图2-15所示。

图2-15 使用酒精防风炉制作美食

【露营餐具小技巧】

（1）添加酒精时的注意事项：只可以在熄灭的情况下添加酒精，千万不要在有明火的情况下添加，否则可能会发生喷溅危险。

（2）熄灭酒精炉时的注意事项：正确的做法是等它自己燃尽，或者使用开关阀门，隔绝它跟氧气的接触即可。千万不要用嘴吹酒精灯，否则可能会发生危险。

026. 取暖炉

在冬季露营时，首先关注的就是保暖问题，准备一只取暖炉是必不可少的。

取暖炉的最大作用就是提供热量、给人体取暖。如冬季夜晚在帐篷里睡觉的时候，或者在天幕下共进晚餐的时候，都非常适合使用取暖炉。不仅仅是取暖，取暖炉在户外使用时还有其他作用：一是它可以用来照明，在户外的夜晚，一丝光亮也可以给人带来安全感；二是有的取暖炉还具有保温功能，想象一下一边热菜一边取暖，非常实用，如图2-16所示。

图2-16　用取暖炉取暖、热菜

大多数户外取暖炉都是使用丁烷气瓶的，也有使用太阳能板充电的，但是这种取暖炉不是特别保险，因为如果遇到阴雨天就充不了电，不能拿自己的生命安全做赌注。所以，在露营选择取暖炉时，可以优先选择使用丁烷气瓶的，使用起来更加方便。

关于丁烷气瓶的安装，在购买取暖炉的时候会有相关的产品说明书及演示视频，一定要仔细观看每一个小细节，避免出现错误，特别要注意商家的安全提醒和补救措施。

【露营餐具小技巧】

（1）在帐篷中使用煤油取暖炉时，要记得留通风口，在睡觉时要离取暖炉有一定的安全距离。

（2）带小孩子去露营时，要让他们远离取暖炉，以免烫伤。

027. 炉头支架

如户外柴火炉、烧烤炉等都是一些比较重的炉头，虽然它们的功能非常齐全，但是在单人或者双人这种人数特别少的情况下，不会选择携带这种炉头外出露营；相反，可能会选择携带迷你炉头或者迷你型便携式卡式炉这种个头小、重量轻的设备，能够减轻露营装备的重量。

可是，迷你炉头和迷你型便携式卡式炉的体积很小，在露营时做菜非常麻烦、费时、费力，那么应该怎么改善这种情况呢？答案就是炉头支架。

炉头支架的主要用法就是放在炉头的上方，以增加炉头的受热面积，如图2-17所示。

图2-17　炉头支架的用法

炉头支架的主要特点有以下四点，如图2-18所示。

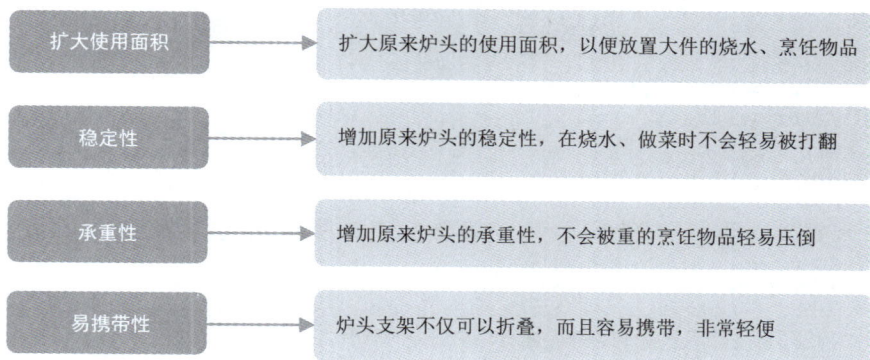

扩大使用面积	扩大原来炉头的使用面积，以便放置大件的烧水、烹饪物品
稳定性	增加原来炉头的稳定性，在烧水、做菜时不会轻易被打翻
承重性	增加原来炉头的承重性，不会被重的烹饪物品轻易压倒
易携带性	炉头支架不仅可以折叠，而且容易携带，非常轻便

图2-18　炉头支架的主要特点

对于炉头支架的选购来说，不需要去纠结它的重量，因为它很轻，还能折叠，所以还是非常容易携带的。

【露营餐具小技巧】

（1）在使用完炉头支架后，要等它完全冷却之后再进行整理收纳。

（2）在使用炉头支架前要调整好它的摆放位置，千万不要在使用过程中调整。

028　气罐和木炭

前面提到了做菜、煮饭、烧水等用到的炉头，现在来谈论一下支持这些炉头运行的"发动机"，没有它们，在户外吃到热菜、热饭的可能性就变得非常小了。

除户外柴火炉的燃料是木炭以外，其他炉头都是使用气罐作为燃料的。气罐的种类不同，使用范围也不同。气罐轻巧、方便，使用范围非常广；而木炭则更重一些，携带不是很方便。

1. 气罐

大多数露营者都会选择携带气罐，理由是方便、快捷、节省时间。最常使用的气罐可以分为两种类型：一种是细长形气罐，另一种是圆扁形气罐，各自的使用范围不一样。

细长形气罐的外形比较细长，基本适用于所有的卡式炉，以及部分取暖器。圆扁形气罐的外形跟细长形气罐的外形相比，要更宽、更矮一点儿，适用于那种内部没有放置气罐空间的、需要单独放在外面的炉头，一般使用输气管将炉头与气罐进行连接。

2. 木炭

木炭是常见的固体燃料之一，它摆放起来非常工整，在露营时，主要适用于烧烤炉和户外柴火炉。

木炭在露营时主要有两种用途，如图2-19所示。

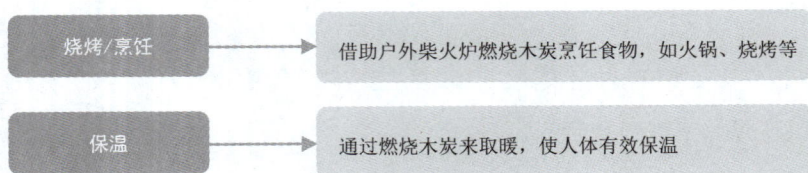

| 烧烤/烹饪 | 借助户外柴火炉燃烧木炭烹饪食物，如火锅、烧烤等 |
| 保温 | 通过燃烧木炭来取暖，使人体有效保温 |

图2-19　木炭的两种用途

在露营时，选择木炭需要注意如下几个方面：

（1）不要选择那种容易爆裂的木炭。如果在烧烤的时候时不时地响一下、爆一下，特别容易受伤。

（2）尽量选择容易点燃的木炭，否则到了吃饭的时候还没点燃木炭，既浪费时间，又影响心情。

（3）尽量选择少烟的木炭，多烟不仅会被呛到，而且吸多了也不利于身体健康。

（4）可以选择外形整齐的木炭，最好是不易碎的，等木炭充分燃烧之后可以轻松取出。

【露营餐具小技巧】

（1）气罐要远离明火，以免发生爆炸的危险。

（2）携带木炭时要注意防水。

029. 烤肉盘

　　除了烧烤炉，也可以在露营地使用烤肉盘制作简易的烧烤，这时候只需要一只烧烤盘即可。烤肉盘主要是依靠卡式炉或者户外柴火炉来进行烧烤的，非常方便。底座不变，想吃烧烤或者火锅都可以实现，只需要把烤肉盘换成锅即可，所以，这种类型的烤肉盘在露营中很受欢迎。

　　跟传统的烧烤炉相比，这种组合只需要携带一只烤肉盘和一只卡式炉就可以了，非常轻便，而且不需要单独购置木炭，非常适合人数较少的露营用餐需求，不仅容易收纳和携带，而且实用性强。

【露营餐具小技巧】

　　（1）烤肉盘除了可以用来烤肉，还能在上面进行其他美食的制作，如炒饭、炒菜等。一只烤肉盘可以有多种用处，非常实用。

　　（2）烤肉盘的重量较轻，很适合露营时携带。

030. 餐具

　　除了烤具，在露营时还需要准备好餐具，最重要的就是餐刀和筷子。

1. 餐刀

　　在选择餐刀时，首先要考虑它的便携性和锋利性，建议选择轻一点儿、锋利一点儿的，并且带有防护罩的，这样实用性最强，如图2-20所示。

图2-20　餐刀

2. 筷子

在露营的时候，如果忘记带烧烤夹或者锅铲，也可以使用筷子替代，如图2-21所示。最好选择具有隔热效果的筷子。

图2-21　筷子

【露营餐具小技巧】

（1）在露营时，餐具以轻便为主。

（2）餐具的清洁非常重要，特别是在户外，在使用前应该对其进行消毒杀菌。

031 户外套锅

在露营时，如果想要自己动手制作美食，就需要准备一些锅具，比如户外套锅。户外套锅有简单版和豪华版等类型，像最简单的三件套，包括煎锅、汤锅和茶壶，如图2-22所示。

图2-22　简单版户外套锅

其实，对于食物烹饪没有特别要求的露营者而言，特别是在人数比较少的时候, 简单版户外套锅就可以满足基础的露营需求。

　　户外套锅的最大优点就是颜色和构造匹配, 颜值很高, 很适合用来在户外拍照。除此之外, 户外套锅跟其他锅具的区别不是很大。

【露营餐具小技巧】

(1) 户外套锅中可能会有锅具用不上, 不怎么实惠。

(2) 要根据需求来选择户外套锅的尺寸。

032. 户外便携饭盒

　　外出露营, 如果想提前准备一些饭菜带过去, 就可以选择户外便携饭盒, 而且还能把它当成碗使用。

　　户外便携饭盒的优点有如下几点:

(1) 分隔不同种类的食材。

(2) 使食物携带更加方便。

(3) 保持食物的干净。

(4) 轻便、容易携带。

　　不锈钢饭盒是露营时最常见的户外便携饭盒, 它重量轻、体积适中, 能够进行加热, 而且消毒也很方便, 是最符合露营者需求的饭盒。不锈钢材质的户外便携饭盒一般是长条状的, 但也有圆形的, 如图2-23所示。

图2-23　不锈钢材质的户外便携饭盒

　　除此之外, 塑料材质的户外便携饭盒也比较常见, 因为它的重量很轻, 特别容易携带。但是，塑料材质的户外便携饭盒不太适合加热，也不适合装热菜、热饭，不过可以用它来装水果、三明治或者干净的蔬菜等食物，如图2-24所示。

图2-24　塑料材质的户外便携饭盒

【露营餐具小技巧】

户外便携饭盒要及时清洗干净，否则容易滋生细菌。

033. 不锈钢杯碟

在进行野餐的时候，除了要准备制作美食的工具，还应该准备盛放美食的工具，如装饮料用的杯子、装菜用的碗碟等。

为了环保，最好不要选择一次性的杯碟。可以选用不锈钢材质的杯碟，不仅耐摔还易清洗，最重要的是很轻便。

不锈钢杯子有两种选择：一种是没有杯柄的，它的优点是方便收纳，十几只杯子可以叠放成一排，非常节省空间；另一种就是有杯柄的，这种类型的杯子不受杯中饮品冷热的影响，不足之处就是不太容易收纳，适合露营人数少的时候使用，如图2-25所示。

图2-25　不锈钢杯子

不锈钢碗碟主要月来盛放菜肴。如果在露营时没有准备汤类食物，就可以选择高度比较矮的碟子，因为它们非常容易收纳，而且能装很多东西，如凉面、烧烤等。如果需要蘸料，就选择面积小一点儿、高一点儿的碟子，如图2-26所示。

图2-26　不锈钢碗碟

【露营餐具小技巧】

（1）不锈钢杯碟不会因为水渍没干而生锈，能够循环使用。

（2）在使用不锈钢杯碟前，可以使用开水进行高温消毒。

034. 户外烧水壶

户外烧水壶是户外水源的重要过滤设备。在露营时，瓶装矿泉水比较常见，但是它的重量比较重，所以一般只带几天的饮用量，如果露营时间比较长，饮用水就不够了。因此，在长时间的露营中，最常见的就是携带户外烧水壶，如图2-27所示。

图2-27　户外烧水壶

在露营时使用户外烧水壶的好处有如下几点：

（1）开水可以杀菌，所以在野外或者露营地没有矿泉水的时候，我们可以拿户外烧水壶去接山泉水。注意千万不能直接生喝，容易生病。

（2）对于喜欢喝茶的人来说，户外烧水壶还是非常有用的，现烧现泡，在露营中享受泡茶的乐趣。特别是在冬季露营的时候，热茶能够暖胃，驱赶身体的寒冷。

（3）户外烧水壶也可以用来清洗餐具和进行高温消毒。

【露营餐具小技巧】

（1）使用烧水壶烧水，一定要等水沸腾之后再饮用。

（2）在出发露营前，要检查烧水壶是否漏水。

035. 饮用水和户外水箱

在露营时我们总是难以带够必需的饮用水，所以要提前做好获取饮用水的准备，以及学会如何将野外的水变成可饮用的淡水。除了获取饮用水，还要准备储备饮用水的工具，如户外水箱。

1. 饮用水

水作为人体的必需营养元素之一，它不可或缺。在露营时，一般会选择专门的露营基地，因为它的设备非常完善，也有可饮用的水资源。如果对饮用水实在不放心，也可以在获取饮用水之后用户外烧水壶进行消毒杀菌。

除了露营基地，就是单纯的野外露营了，在这种条件下获取水资源就困难一些。一是水质的选择，浑浊程度、颜色、有无动物粪便等都是需要提前观察好的；二是消毒杀菌，最方便的就是煮沸了，也可以选择过滤，但是这种方法比较麻烦，而且比较费时、费力。

2. 户外水箱

户外水箱是用来储存水的箱子，它也是户外最常见的水箱，如图2-28所示。

使用户外水箱来装饮用水，提取和使用水都很方便。

图2-28　户外水箱

户外水箱有很多优点，如图2-29所示。

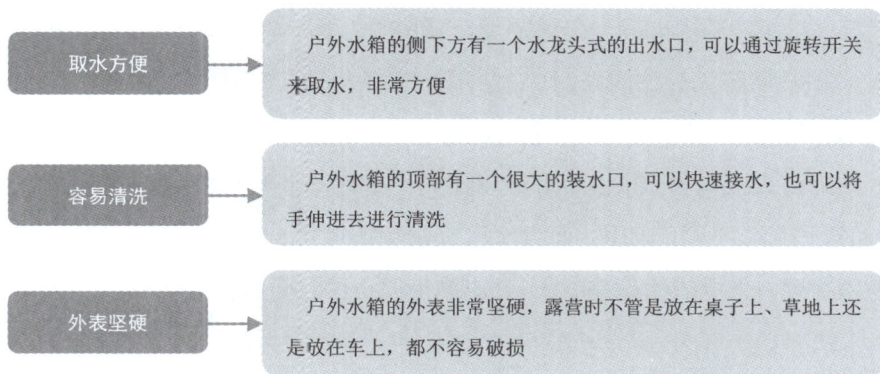

取水方便	户外水箱的侧下方有一个水龙头式的出水口，可以通过旋转开关来取水，非常方便
容易清洗	户外水箱的顶部有一个很大的装水口，可以快速接水，也可以将手伸进去进行清洗
外表坚硬	户外水箱的外表非常坚硬，露营时不管是放在桌子上、草地上还是放在车上，都不容易破损

图2-29　户外水箱的优点

除了这种不能折叠的户外水箱，还有一些可折叠的户外水箱，如户外水袋和户外水桶，如图2-30所示。

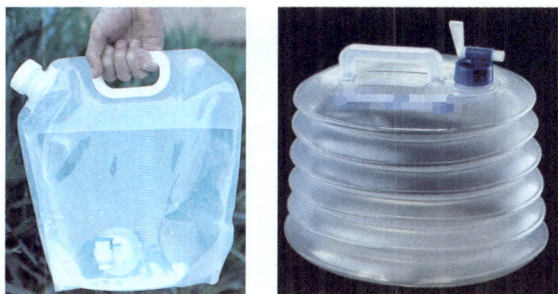

图2-30　户外水袋和户外水桶

　　这两种户外水箱,一种外形是水袋,另一种外形是水桶,都能承担户外水箱的作用。同时,这两种户外水箱的便携性比常规户外水箱的便携性更好,因为水用完之后可以将它们折叠起来,可以节省空间。

　　【露营餐具小技巧】

　　(1)饮用水在饮用前一定要进行消毒杀菌。

　　(2)户外水箱能确保我们在户外随时喝到水。

036. 伸缩打火机

　　打火机是户外用火的一个重要设备。伸缩打火机有很多用处,如在使用户外柴火炉和酒精防风炉的时候,可以使用伸缩打火机点燃引燃物;如果炉头设备开关出现问题,也可以使用伸缩打火机进行引火。

　　伸缩打火机与普通打火机的区别在于,它有一个伸缩杆,能够自由调节长度,可以适用于不同的场景,而且还可以避免被烫伤。另外,这种伸缩打火机的体积跟普通打火机的体积差不多,外出携带时也很方便。

第 3 章

自驾技巧：说走就走的旅行

自驾游区别于其他旅行，它的大多数时间都在开车，这也是自驾游中极为重要的一部分，所以，掌握一些自驾的技巧非常重要，能够让我们的自驾游更加轻松。

037 房车露营常用技巧

在露营中，房车这种集通行和居住功能于一体的工具在露营爱好者中非常受欢迎。房车，听到这个词，首先想到的就是长得像房子的车，意思其实也差不多。房车是一种车的类型，有"房"和"车"两种功能，集"衣、食、住、行"于一体。简而言之，这是一辆能够让你像在家里一样生活的车，如图3-1所示。

图3-1 房车

如果想要使用房车露营，前提条件是有充足的旅游时间，毕竟房车需要自己开车，而且还得考一个房车的驾驶证，此外，还要考虑到堵车、天气或者到达一个目的地后逗留时间过长等一系列不可预知的问题。所以，在出行之前，要认真地思考这个计划是否可行。

如果你考虑好了使用房车露营，下面就来了解一下房车露营的一些常用技巧。

1. 出发前检查房车

在露营开始前，或者在使用房车之前，应该仔细检查房车各个部位的情况，包括零部件、发动机、排水系统、轮胎等。如果你对一些专业的设备不了解，则可以请专业人士检查。

2. 了解露营目的地

在露营前，需要提前了解露营目的地，以便知晓在哪里停放房车。

3. 平衡好房车重量

房车虽说是一个生活的地方，但它归根结底还是"车"，所以在道路上行驶时，要时刻遵守交通法规。特别是在出发之前，要仔细检查房车里面的东西是否固定好，并且左右两边东西的重量要差不多，否则在行驶过程中遇到急刹车的情况可能会发生危险。

4. 携带多功能充电器

房车上的充电口不多，如果是多人露营，准备一个多功能充电器就可以解决充电问题。

038. 车载帐篷如何使用

除了常规的帐篷，还有一种车载帐篷，区别在于它是在车顶上搭建的。这种车载帐篷适合比较怕麻烦的人使用，因为在完成第一次车载帐篷的搭建之后，就不需要大动干戈地去搭建第二次、第三次了。

在车载帐篷的类别上，建议选择全自动的，可以节省不少搭建时间，而且更安全，如图3-2所示。

图3-2　车载帐篷

车载帐篷需要提前在车身上搭建支架，用来固定帐篷的底座，可以根据车的架构来选择合适的支架。车载帐篷会配备梯子，而且帐篷的密封性比较好，这样在晚上休息的时候就可以减少蚊虫的叮咬。

使用车载帐篷，在行驶过程中千万要注意两侧的距离及车顶的高度，以免发生危险。

039. 自驾游怎么玩才不累

相信有过露营经历的朋友应该知道，无论是跟团游还是自驾游，在结束行程之后或者在旅行途中就已经疲惫不堪了。要想自驾游不累，可以通过一些技巧来实现。

1. 做好攻略

自驾游最重要的就是在出发之前做好攻略，如去哪个地方、走哪条路、距离多远、要花费多长时间、游玩的景点、天气条件等，以及下一站的攻略，这样就可以充分利用时间，减少不必要的麻烦，不仅省心还省力。

2. 列好清单

在开始自驾游之前，将这次旅程中可能会用到的物品列出一张清单，提前几天就开始准备，因为有时候可能一下子没想起来，过了几天又想起来了。

列好的清单最好打印出来或者存在备忘录里，以防自己忘记。在出发前，对照清单检查各个物件，看有无缺失。

3. 享受过程

在驾驶途中最好不要让同一个人长时间开车，可以互换主驾驶位，也可以利用在车上的时间去休息，补充体力。除了这些，最重要的就是，在驾驶途中，不要只顾着休息，也可以看看沿途的风景，如一些地标建筑等，拍个照片留下来都很有意义，如图3-3所示。自驾游的意义不在于到达最终的目的地，而在于我们对旅途中的所感、所思，精神得到了满足，身体便没有那么累了。

图3-3　沿途的风景

4. 准备零食

在自驾游途中，特别是主驾驶位容易犯困，可以提前准备一些零食，如辣条、鸭脖、口香糖等，用来驱赶一下睡意。

5. 随心而动

自驾游最特别的地方是可以自己控制时间，所以不需要把时间安排得太紧凑，要留给自己一些享受的时光。

040. 自驾游的驾驶技巧

自驾游自然少不了开车，所以，掌握一些驾驶技巧非常有必要。

1. 打开导航

去不熟悉的地方，最应该做的就是打开导航，这样不仅可以选择最省时间的路线，也可以选择最方便的路线。导航除了告诉你应该怎么行驶，还会让你注意车速及左右方汇入的车辆，能保证行驶的安全。

2. 了解地形

在出发之前，需要了解途中可能会碰到的地形。除了国道和省道这种容易行驶的道路，更应该了解从高速公路下去之后到目的地这段路程可能会碰到的地形。

如果要上山，就要提前知晓，避免到时恐慌。为了降低坡度，山路都修建得弯弯曲曲的，在转弯的时候要注意前方来车，提前鸣笛，放缓车速，如图3-4所示。

图3-4　弯曲的山路

3. 了解天气

在自驾游时，天气也是非常重要的影响因素，所以，提前查看驾驶途中及目的地的天气状况是非常有必要的。例如，准备开车去山区露营，如果下大雨或者大雪封山，如图3-5所示，则建议取消行程，因为危险系数很大。

图3-5　大雪封山

4. 放缓速度

如果没有提前做好功课，在驾驶途中最谨慎的做法就是减缓行驶速度，给车和自己一个充分的反应时间，一旦遇到突发情况，可以避开危险。特别是在雪天行驶时，就更需要放缓速度了，而且要拉大与其他车辆的间隔，因为雪天气温低、路滑，刹车很可能会失灵。

041. 自驾游常带的装备

当准备自驾游时，需要提前准备一些可能会用到的装备，不要等旅行开始之后才发现自己忘带了很多有用的东西。下面介绍一些自驾游常带的装备。

1. 垃圾桶

在驾驶途中，我们一般会在车上吃东西，吃完之后的包装袋就变成了垃圾。所以，应该在车上准备一只垃圾桶，套好垃圾袋之后，再将垃圾丢进去，下车上厕所或者到达目的地之后，就可以直接把垃圾袋打包扔掉，非常方便。

可以选择专门的车载垃圾桶，可以折叠，不用时就把它收纳起来，能够节省空间。

2. 晕车贴

长时间的车程可能会让晕车的人更加不舒服，提前准备好晕车贴能够有效缓解这种症状。大家需要注意的是，要在上车之前贴好晕车贴，不要等到头晕、呕吐等症状出现了再去贴。

3. 提神饮品

在驾驶途中很容易打瞌睡，有时候跟驾驶时长没有关系，是个人的习惯，所以，最好提前准备一些提神饮品来赶走睡意，如咖啡（见图3-6）等，或者口香糖等需要用力咀嚼的零食，也能起到提神的效果。

图3-6　咖啡

4. 蓝牙音箱

在自驾游中，大部分时间都花在了车上，为了防止旅途过于无聊，可以准备一个蓝牙音箱，在途中休息时可以通过唱歌来提振精神、带动氛围。

5. 备用轮胎

自驾游最怕车出问题，所以，要提前检查好车胎的状况，必要时更换新的轮胎，并准备一个备用轮胎。如果在半路上车胎被扎了，还可以自行更换轮胎，以节省时间。就算自己不会换轮胎，也能减少寻找匹配车胎的时间。

042. 记住这六招，安全出行

在自驾游时，要时刻牢记交通规则，安全第一。

1. 不盲目超车

在自驾游时，如果在高速公路上行驶，要保持均匀的车速，具体按车道的规定车速行驶。

有时候，高速公路上的车辆特别多，要注意观察周围的车况，不要盲目超车，以免发生意外。如果车辆比较少，也需要提前打转向灯，提醒前车和后车。

自由
时刻
FREE TIME

但是，如果前面有一辆装满了物品的大货车，就应该寻找时机超过它，因为大货车的车速普遍较慢，而且车上的物品随时可能会有掉落的危险，所以不应该跟在它的后面行驶太久。当然，超过大货车也需要提前打转向灯，然后快速通过，以防大货车因视线盲区没有看到我们的车身或者随意变道。

2. 提前观察路标

有些地方的公路地形比较崎岖，所以不同的路段可能会有不同的交通规则。在驶入新路段时，首先要观察一下旁边矗立的路标，提前做好准备，按照上面的提醒去驾驶，如图3-7所示。

图3-7　路标

3. 保持安全距离

在行驶过程中，要注意保持与前车、后车及两侧车辆的距离，特别是在快车道上行驶时，要保持宽一点儿的车距，因为车速越快，刹车停下来就需要越长的时间。特别在雨雪天路滑的时候就更需要注意，不能将刹车一脚踩到底，否则可能会发生侧滑。

4. 保持注意力

开车是一个持久的行为，特别是在高速公路上行驶时，不能随意停车，所以换人行驶也很少见，这就需要保持高度的注意力。可以时不时地跟驾驶人说说话，提高驾驶人的兴致，否则一旦困意袭来，就很容易发生危险。在驾驶长途车的时候，千万不能疲劳驾驶，要保证充足的睡眠。

5. 尽量以导航为准

去不熟悉的地方，我们应该使用导航，从中选择一条最优的路线，而且在行驶过程中，要时刻注意导航的语音提醒，不能只凭自己的感觉。我们没有大数据那么厉害，所以要尽量以导航为准。

6. 处理紧急问题

在车辆出现一些可能会影响行驶安全的问题时，应该在车辆还能安全发动的前提下，将车辆停到紧急停车带上。如果车辆已经不能发动了，首先要开启危险报警闪光灯，然后在车辆后方150米处放置故障警告标志，并立即报警。千万记得，如果车辆出现问题一定要停下来，不能继续行驶，否则在行驶过程中发生意外是一件非常危险的事情。

043. 出发前对车辆进行检查测试

车是自驾游的重要影响因素之一，没有车，就不能称为自驾游了。所以，在自驾游开始之前，要对车辆做一次全面的检查。

首先是车的外表，观察车身的表面是否有划痕、车胎是否有漏气的情况、车胎的磨损程度、灯光的闪烁频率和亮度；其次是车的内部结构，如车椅的稳固性及安全带的可伸缩长度；最后是车的内部系统，如制冷、制动刹车、车速表、底盘等。

044. 车内要准备一只应急药箱

自驾游出行，也要考虑到防护的问题，特别是夏天，像防虫剂、祛暑贴等物品都可能会用上，所以，在车内准备一只应急药箱，能够让我们第一时间解决蚊虫叮咬、中暑等问题。而且，如果不小心受伤了，为了避免伤口感染，还应该准备一些消毒用品，如医用酒精、棉签、纱布等，简单地处理一下伤口。如果情况比较严重，建议去医院检查一下。

045. 掌握路程的最新环境

自驾游出行，就意味着需要自己掌握车和道路的情况，在行驶过程中可能会出现新的路况，在高速公路上这种情况还是比较少见的。

需要特别注意的是那些比较偏僻的地方，有时候信息更新不是很及时，在导航中就搜索不出来。为了防止出现这种情况，在出发前，可以使用一些旅游App搜索一下相关情况，了解最新的环境资讯并做好笔记。

046. 应用各类地图和导航工具

在网络科技飞速发展的今天，手机成为人们必不可少的出行物品之一，如付款、搜索、娱乐等都能在手机上进行。所以，可以提前下载一些地图和导航工具，如图3-8所示，利用它们选择更适合自己的自驾游路线，计划好时间。

图3-8　地图和导航工具

可以多下载几款相关软件，以防在自驾游途中有一些软件系统正处于更新的时间段而使用不了。

还需要注意，有一些比较偏远的地区网络信号不是特别好，因此，在出行之前应该设置一个离线导航。图3-9所示为百度地图App的"离线下载"功能，可以提前下载途经城市的地图。

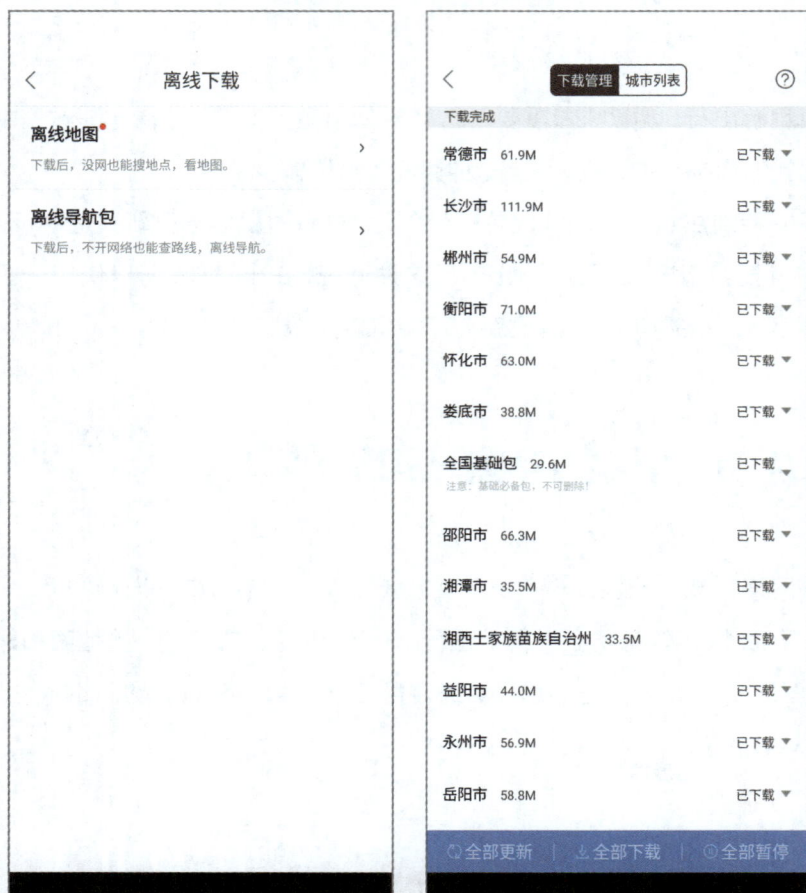

图3-9　百度地图App的"离线下载"功能

047. 准备好户外求生的基本物品

在露营时，为了应对意外情况的发生，要准备一些用于户外求生的物品，做好两手准备。

1. 指南针

指南针，也称"司南"，它主要利用磁针与地球的磁场来指示方向，在航海、旅行等领域广泛应用。

在露营时，如果手机没电了，而且被困在丛林里，就可以通过随身携带的指南针来辨别方向。

2. 充电宝

跟户外电源的体积和重量相比，充电宝更加适合户外求生，所以，除了携带充电线，还应该携带充电宝。如果担心手机电量不够，还可以将手机设定为省电模式。

3. 生活用品

户外求生最需要关注的就是"吃"和"睡"。首先是睡觉的地方，可以携带轻便的帐篷；其次是食物和餐具，可以携带一些速食饼干，还可以携带迷你炉头，煮一些简单的食物；最后是可饮用的水，如果没有携带矿泉水，也可以携带烧水壶，将山泉水烧开之后再喝。

4. 手电筒

户外求生，晚上最不可或缺的就是手电筒了。手电筒小巧、轻便，能够让我们在晚上活动比较方便。

048. 自驾游在车里过夜的技巧

如果准备自驾游出行，而且没有携带帐篷，打算在车里过夜，就需要掌握一些实用技巧，这样更有益于提升睡眠质量，同时也不会影响到之后的行程安排。

1. 准备一些常用的物品

首先是照明工具，可以选择小型手电筒，因为它轻便、小巧，而且不占空间；其次是水，多准备一些瓶装矿泉水，晚上如果醒来口渴，就可以随手拿到；再次是充电线和充电宝，可以让手机保持充足的电量；最后是纸巾，上厕所、擦嘴都可以用得上。

2. 准备枕头和睡袋

自驾游在车里过夜，首先考虑的应该是人数，如果人数过多，在车里过夜就会显得很拥挤，只能坐着睡，为了保护颈椎，可以各自准备一只枕头；如果人数比较少，就可以直接将前后驾驶舱的座椅放倒，这时候准备一只枕头也会让我们睡得更舒服。

除此之外，还应该考虑季节因素，冬季肯定要注重保暖，可以选择睡袋；夏季比较闷热，要注意通风，但是晚上的气温一般比白天的气温低很多，所以，准备一件单薄的外套或者被子还是很有必要的。

3. 准备好车帘

由于夜色非常暗，所以，肯定会在车里开灯照明，这样就有可能暴露自己的隐私。如果是在野外，准备一块车帘也能够避免自己被小昆虫或者其他飞行动物吓到。

4. 准备车垫

车上的坐垫只适用于短时间的乘坐，如果晚上要睡觉，可以准备一块车垫，它能最有效地利用车里的空间，就像在车里摆放了一张床一样。而且车垫的柔软度适宜，不用担心第二天起来会腰酸背痛。

049. 选择适合自驾游的车

自驾游最重要的工具就是车了，所以，要仔细考虑，从多个方面去选择。

首先是座位，可以选择可乘坐人数更多的车，但是千万不能超载；其次是空间，可以选择空间大一点儿的车，如图3-10所示。在满足人数座位的要求下，还可以放一些其他的装备；最后是耗油性，自驾游的旅程一般比较远，选择耗油量少的车更加经济。

图3-10　空间大一点儿的车

050. 不同路况的应对技巧

在自驾游时，经常会遇到一些不同的路况，为了避免发生意外，我们需要有应对的技巧。

1. 泥路

与山路不同，泥路最怕的是轮胎打滑，或者轮胎陷进去出不来，所以，在行驶过程中，要保持均匀的车速，不要开得太快，而且尽量往泥坑少的地方开，特别是在转弯的时候，要提前减速，缓打方向盘。

2. 水路

在经过水特别深的道路时，一定要先在远一点的地方停好车，再下车查看，根据水深程度、道路的长度、水的流速等做出判断。如果不能通过，就只能选择其他的路线；如果可以通过，那么要匀速行驶，稳定方向盘，不可急刹车。通过这段道路之后，检查车辆下方的情况，清除不相关的东西，如果没有发现问题即可继续行驶。

3. 山路

在自驾游经过山路的时候，最应该注意的是转弯。由于山路崎岖、道路狭窄，而且弯道过多，在转弯时要提前鸣笛，告知前方车辆，让对方也有所准备；在两车并行时，要注意自身车轮和后视镜的位置。图3-11所示为弯道非常多的山路。

图3-11　弯道非常多的山路

在山路上行驶，在没有其他车辆经过的时候，不要一直将车开在道路的边缘，稍有不慎，可能就会发生危险。

051. 适当练习驾驶技术比车的选择更重要

虽说在自驾游的时候车的选择很重要,但与之相比,适当练习驾驶技术更重要。在驾驶同一辆车的前提下,肯定是驾驶技术熟练的人会让我们更放心、感觉更舒适。

1. 保持心态稳定

刚开始学车或者练车的人应该知道,如果遇到一些突发情况,就很容易害怕、紧张、出现失误,甚至因为一个小小的失误,一直困在自责中,忘记了自己此时正在驾驶车辆,所以,开车时保持一个稳定的心态非常重要。

2. 提前观察、准备

在开车前,要做好相应的准备。在起步的时候,需要提前观察周围的环境,打转向灯,特别是在通过人行横道时,即使是绿灯,也要提前观察人行横道上是否有人,要时刻牢记"车让行人",不能直接冲过去。

在超车的时候,也要提前观察左右的来车情况,打转向灯,而且不可以来来回回地变换车道。

3. 熟悉车里的设备

要想拥有熟练的驾驶技术,必须熟悉车里的各种按键和设备。有些按键上会有图标,有的是我们能够联想到的,有的是需要我们记忆的。等完全熟悉各种按键和设备的作用之后,就可以准确、快速地使用了,如图3-12所示。另外,一些手动挡的车需要通过改变挡位来变换车速,所以,熟悉换挡规则及加快换挡的速度也是非常重要的。

图3-12 车里的各种按键和设备

EVERY

4. 恰当使用喇叭

在行驶过程中，特别是白天，打转向灯可能不会第一时间引起前车的注意，这时可以按一下喇叭，提醒前车注意。但是，千万不要长时间持续鸣笛，因为鸣笛的声音很容易引发人的消极情绪，从而发生危险。

另外，在通过学校路段的时候，也尽量不要鸣笛，以免打扰学生上课或者考试。除此之外，有些地方也明确设有禁止鸣笛的标志，如图3-13所示。

图3-13 禁止鸣笛的标志

5. 多多练习驾驶技术

所谓"熟能生巧"，再高超的水平也离不开长时间的练习。一定要多多练习驾驶技术，这样才能保证更加安全地驾驶车辆。

052. 心平气和——保证安全的基础

不管做什么事，只有将心态放平和，才能不被坏心情影响，将事情做到最好。特别是在驾驶途中，要时刻保持心情舒畅，不要将消极情绪带到行驶过程中来。

在工作了一天之后，我们都会感到特别的疲惫，如果因为一些工作上的事情没做好而受到批评，或者工作没完成需要加班，就更容易心情烦闷了。如果此时又碰到一些不开心的小事，那么之前累积的情绪更容易爆发出来，这时候开车是非常危险的。

　　虽然在自驾游途中没有工作上的困扰，但是也有可能会因为拥堵的路况而变得烦躁，这时候驾驶者的精神是高度紧张的，如果后面又传来持续的鸣笛声，则会让原本烦闷的心情更甚，一句无心的抱怨可能就会成为情绪爆发的导火索。

　　所以，在行驶过程中，驾驶者要时刻保持平和的心态，不管遇到什么事情都应该先放一放，否则很容易发生危险。

第 4 章

营地体验：真切感受大自然

露营是一种与大自然近距离接触的方式，我们在营地欢歌笑语、促膝长谈，即使周围的设施不够齐全，也抵不过与家人、好友在一起时所带来的温馨。微风拂过脸庞，一切都是最真实的感受。

053. 选择露营场地

对于露营来说，不管是在车里休息还是搭帐篷睡觉，选择一个好的露营场地是非常重要的。

1. 平坦的地面

在露营时，不管是搭建帐篷还是停车，都应该选择在平坦的地面上"落脚"。首先，平坦的地面可以平衡车体，使车子不容易滑动，而且如果搭建帐篷，也会更加稳固，睡在平坦的地面上也会更加舒服。其次，在平坦的地面上，可以进行野炊，摆放餐具也会更加稳固。最后，在下雨的时候，雨水不会积在帐篷所在处。

因此，在露营时一定要选择平坦的地面驻扎，特别是需要过夜的时候。

2. 靠近水源

如果想要在晚上听着河水流动的声音入睡，可以选择在靠近水源的地方搭建帐篷。选择靠近水源的地方驻扎，要把帐篷搭建在比水高的高地上，而且尽量选择上游区域，以免发生危险。

靠近水源的好处就是用水充足、方便，但是蚊虫也会比较多，各种昆虫的声音也很嘈杂，可能会影响入睡。

3. 远离树木

如果选择去丛林里面露营，就可以忽略这一点，因为大概率躲不开树木。如果去其他地方露营，尽量选择周围没有树木的地面搭建帐篷，特别要远离那种快要倒的枯树。

另外，如果树木过高，又赶上雷雨天气，可能会更加危险。

4. 有阳光照射

在冬季露营，气温通常比较低，所以需要选择一个早上能被阳光照射到的地方扎营。因为早上是人体最怕冷的时候，如果有阳光的照射，就会减少寒冷的感觉。

在夏季露营，气温通常比较高，尤其是中午，天气非常炎热，所以要选择背光的地方扎营。夏天的清晨，在太阳还没升起来之前就非常热了，为了避免被热醒，可以选择背光的地方扎营。不过，如果想早点起来，又担心起不来，也可以选择能被阳光照射到的地方扎营。

5. 远离悬崖

在露营时，千万不要在悬崖旁驻扎营地，其危险系数很高。因为悬崖周围的风很大，帐篷很容易被吹倒。

6. 靠近村庄

如果自己单独去露营，携带的东西很有可能不全，可以选择靠近村庄的地方驻扎营地。而且一旦有突发情况，也可以尽快寻求到帮助。

7. 远离高山

不要选择在高山上驻扎营地，特别是雨季，很容易发生危险。因为高山上下雨，不仅可能会伴随着雷电，还可能会狂风大作，这些天气条件都不利于露营。

054. 提前到达营地

如果要去一个陌生的环境露营，应该提前到达营地，熟悉一下周围的环境，了解一下当地的情况，有助于之后的露营生活，如图4-1所示。

图4-1　提前到达营地，做好相关的露营准备

提前到达营地的好处如下：

（1）可以观察附近水源、阳光照射等情况，选择一个更加适宜的驻扎点。

（2）有些露营基地可以租赁桌椅，但是数量有限，提前到达营地就会有更多的机会（一般露营基地的物品都很贵，建议自备）。

（3）可以将露营需要用到的物品摆放出来，并搭建好帐篷，以增加活动的时间。

（4）可以认识一下旁边的露营者，增进与他们的交流。

（5）在一切准备就绪之后，可以到营地周围看一看、走一走，了解相关的地形信息。

提前到达营地，有利于提前做好相关的露营准备，不需要匆匆忙忙、慌乱无章地赶时间，能够增加我们的营地体验感，提高露营的兴趣。

CAMPING

ENJOY CAMPING LIFE

life

CAMPING/SHARE

055 搭帐篷技能

在露营时，应选择一个比较容易搭建的帐篷，这样不仅能体验到搭建帐篷的乐趣，又不至于被漫长的搭建时间击溃。对于露营新人来说，比较推荐全自动帐篷，搭建步骤少且非常简单，更加省时、省力。但如果想要体验搭建过程，也可以选择手动款帐篷。下面介绍一些搭帐篷的相关技能。

1. 检查配件

搭建帐篷的关键之处在于不能缺少配件，它是搭建帐篷的起点。所以，不管是在露营前，还是在搭建帐篷前，都应该仔细检查相关的配件，不能有所缺失，否则帐篷就很难成功搭建了。

2. 多看演示视频

大家都知道，熟悉一作事情应该怎么做，最实用的办法就是多看多练，搭建帐篷也不例外。

把帐篷买回来之后，可以查看相关的说明书或者演示视频。建议先看纸质说明书，上面配备彩色步骤图，非常清晰，可以很容易地分辨出各个配件；再看演示视频，可以了解各个配件的具体用处。如果时间充裕，也可以在家里练习帐篷的搭建方法，这样在露营时就会更加熟练。

3. 注重防风稳固

在搭建帐篷的时候，最需要注意的就是帐篷的防风稳固性，除了受到帐篷材质的影响，还要掌握正确的搭建步骤。在使用地钉固定帐篷时，要将地钉的2/3打到地底下，以防人为移动导致松动。帐篷一定要全部撑起来，如果中间有塌陷或者干瘪的情况，都不稳固。帐篷的防风绳一定要拉直绷紧，不能松松散散。

除了以上这些小技能，搭建帐篷的步骤也很重要。下面介绍具体的搭建步骤。

▶▶ 步骤1　摊开帐篷的内帐，将帐杆撑起来，并插入扣环内，如图4-2

所示。

▶▶ 步骤2 将内帐挂钩逐个挂起并撑开, 如图4-3所示。

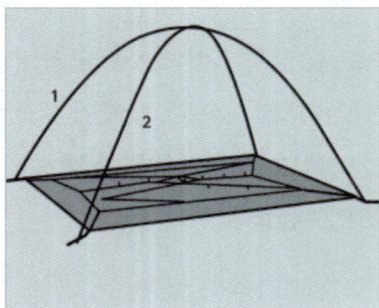

图4-2 搭建好帐杆   图4-3 撑开内帐

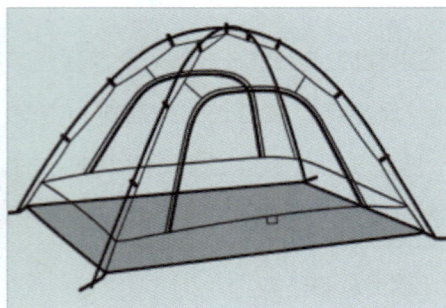

▶▶ 步骤3 把外帐撑开、挂好, 然后拉紧防风绳, 最后打好地钉即可完成搭建, 如图4-4所示。

图4-4 将外帐整理好, 拉紧防风绳, 打好地钉

056. 户外生火技能

在露营时, 生火是一项必备技能, 如烹饪食物、取暖、照明、烧水等都需要用到火。下面介绍一些基本的生火方法。

1. 钻木取火

在远古时期, 生火的主要方式就是"钻木取火", 但是对于现在的露营者来说，这种生火方式不太常用，因为对于不熟悉的人来说，需要花费太多的时间和精力，而且不一定会成功。

现在市面上已经改进了这种生火方式，"钻木取火"的工具也有了很大的改进，不仅有已经钻好孔的木板和省力的木棒，还有容易被点燃的引火麻。

但是在露营中，建议大家不要选择这种生火方式，因为它容易被天气条件限制，下雨打湿后就用不了了，而且"钻木取火"的工具体积偏大，也不容易携带。

2. 打火机

打火机是很常见的一种生火工具，使用方法非常简单，只需要轻轻一按，就能使用明火了。另外，打火机不受天气条件的影响，它的使用范围也非常广。

在露营时，可以将打火机带在身上或者放在专门的地方。因为打火机的体积比较小，容易丢失，所以一定要记得它的存放位置，方便之后寻找。打火机的缺点是不能置于高温下，否则容易发生爆炸，所以它是有一定安全隐患的，这一点应该引起我们的注意。

3. 火柴

火柴也是常见的生火工具之一，使用非常方便，只需要往火柴盒侧边的"点火面"轻轻一划，就可以取得明火了。而且它跟打火机相比更安全，没有爆炸的危险。

但由于火柴也是由木材制作而成的，所以被水淋湿后可能就使用不了了。为了避免发生这种情况，可以选择防水材质的火柴。防水火柴最大的局限就是数量有限，它的使用次数会受到火柴根数的限制。

在户外生火时，要注意以下几点：

（1）在寻找树枝时，千万不要直接砍新鲜的树枝，因为新鲜树枝里的水分太多，很难点燃，而且还会破坏自然环境。

（2）在生火时，要选择周围没有易燃物并且平整的地方，尽量远离干树木比较多的地方。

（3）在选好生火地点之后，可以找来许多石块，将其堆砌起来，然后在里面进行点火，这样就可以避免火星飞溅。

（4）在生火前要找好引燃物，如纸张、木屑等。

057. 户外点灯技能

点灯主要适用于油灯、煤油灯、蜡烛，其他充电类型的灯直接打开开关即可。当我们需要使用油灯或者蜡烛的时候，就有必要学习一下点灯的技能。

（1）在点灯的时候，用打火机或者火柴产生的火焰去点燃灯芯。记得使用火焰的外焰，因为外焰的温度最高，可以更快地点燃灯芯。

（2）将灯点亮之后，最好拿高一点儿的东西遮挡在灯的旁边，这样可以保护火焰不被风熄灭。

需要注意的是，千万不要把灯放到完全封闭的保护罩里面，因为隔绝了氧气，火焰就会熄灭。

058. 整理床铺技能

在露营时，我们需要整理自己的床铺，方便之后移去别的地方。

如果在营地的露营时长超过一天，在第二天早上起来之后，只需要稍微将移动了的睡袋、床垫、防潮垫等移回原来的位置即可，不需要将它们完全收纳起来，因为晚上还需要接着用，来回整理太过麻烦。如果第二天就要离开，需要提前整理自己的床铺了，具体做法如下。

（1）分门别类：将同一类型的东西整理收纳到同一个地方，方便之后的找寻。

（2）收纳物品：在收纳的时候要注意相关物品的特性，比如睡袋要装到防水的袋子里，为了避免发生失误，尽量放到固定的收纳袋里面。

（3）有序叠放：不要图快，直接将各部分硬塞进收纳袋里面。

059. 露营穿搭技巧

在露营时，在穿搭方面其实没有什么特定的要求，可以根据自己的喜好和需求进行搭配。为了给大家提供一些实用的建议，下面就来介绍一些露营穿搭方面的技巧。

1. 以长衣和长裤为主

走路去露营地，在经过一些茂盛的植被覆盖地时，如果我们穿的是短袖和短裤，露出来的部分就非常容易被割伤。而且在夏季的夜晚有很多蚊虫，为了减少蚊虫的叮咬，尽量少穿短袖和短裤睡觉。

2. 以防晒为主

如果穿长衣和长裤太热，可以选择穿防晒衣，不仅能防蚊蝇，还能防潮、防晒，最主要的是防晒衣穿起来不热，非常适合露营。

3. 以舒适为主

露营不比出去玩，除了行走，还需要进行帐篷搭建、野炊等活动，所以还是很容易感觉到累的，穿一些舒适的衣服能够放松身心，也更利于活动的进行。

除了衣服，还有鞋子的选择，可以准备运动鞋或者休闲鞋。长时间的行走还是需要以舒适为主，千万不要为了美而穿高跟鞋，不仅走路很累，而且很容易崴脚。除此之外，还可以准备一双拖鞋，方便清洗。

4. 以透气为主

在完成一天的户外活动之后，我们或多或少会出汗，但由于是在户外，条件不是特别方便，所以一般到晚上才进行清洗。因此，可以选择透气性好的衣服，不至于在出汗之后就产生味道。

5. 以轻便为主

露营的衣服要以轻便为主，因为厚衣服太过笨重，不适合长时间的行走，会非常累，也会非常热。建议大家最好选择那种容易清洗和风干的衣服，携带起来非常方便，还可以实现多次换洗。

6. 贴近大自然的颜色

出去露营，大多数人想要拍一些美美的照片，然后分享到朋友圈里，其中最重要的一部分就是衣服的选择。要尽量选择大自然色系的衣物，如淡蓝色系、淡绿色系、棕色系等，这样拍出来的照片会很和谐，而且具有美感。

7. 搭配渔夫帽

特别是在夏季露营时，渔夫帽不仅能够防晒，而且很适合用来拍照，不仅能够增加穿搭的设计感，还能减少头部的单调感。

060. 营地驱蚊小技巧

在夏季露营时，尤其是晚上，蚊子会非常多，除了被蚊子的声音吵得睡不着，还会被蚊子叮咬，等到第二天早上醒来时，就会发现自己的脸上、胳膊上和腿上都肿起来了，这些都是蚊子的"战绩"。这时候，驱蚊就显得尤为重要了。下面就来介绍一些营地驱蚊小技巧。

1. 巧用手电筒

一般在帐篷里面蚊子会比较多，一是搭建好帐篷之后，一直没有将帐篷的门关紧，给了蚊子飞进去的机会；二是因为晚上灯光的使用，在我们还没有完全关紧帐篷的门时，又拿着露营灯在帐篷里面来回走动，蚊子又喜光，所以特别容易在帐篷里面聚集起来。

可以携带一个手电筒，因为跟露营灯相比，手电筒不仅小巧，而且开关非常方便，同时灯光聚拢不外散的效果也更强。所以，在晚上去帐篷里面找东西的时候，可以打开手电筒照明，这样就不会吸引大量蚊子聚集了，在离开帐篷之前关闭手电筒，然后打开帐篷的门出去即可。

2. 点蚊香

可以在帐篷的周围点上蚊香，这是一种非常传统的驱蚊方法。最常见的蚊香类型为盘式蚊香。盘式蚊香的形状设计非常巧妙，一般买回来后，需要先将一个整的蚊香拆分成两个单独的蚊香，而中间的缝隙是用来固定蚊香的。这样的盘式设计，在保留蚊香长度的同时，不仅可以节省空间，而且在运输过程中不容易被折断。

虽然盘式蚊香本身不会产生明火，但是它也能够引燃一些易燃物品，从而引发明火。所以，在户外使用这种盘式蚊香时要特别注意，在休息之前一定要确认它完全熄灭。

在露营时，可以在睡前半小时使用蚊香，等到蚊香开始发挥作用之后再进入帐篷里面休息。

3. 电蚊拍

除了使用化学方法驱蚊，还可以使用物理方法驱蚊，电蚊拍就是不错的工具。电蚊拍不仅可以手动拍蚊，还可以竖立在帐篷内的地面上，甚至有的电蚊拍还具有诱蚊的功能，能够智能灭蚊，非常方便。

可以结合多种方法进行驱蚊，因为单一方式可能做不到有效驱蚊，建议按照自身的需求来选择。

061 水边露营技巧

为了取水方便，一些人特别喜欢到水边进行露营。但是，跟其他露营地相比，在水边露营要注意的地方更多。下面介绍一些在水边露营的技巧。

1. 帐篷选址

在水边露营时，除了要选择河流上游位置的高地搭建帐篷，还要选择平坦的地面，避免暴雨过后带来的涨水问题。如果雨实在太大，则不建议露营。

2. 注意蚊虫

水边潮湿，是许多蚊虫的聚集地，所以，选择在水边进行露营，一定要做好蚊虫叮咬的防护工作。尤其是在夏季，蚊虫特别多，可能还会有蛇出现。可以买一些驱虫药和修复药，在一不小心被蛇虫鼠蚁叮咬之后可以快速得到治疗。

3. 注意防潮

在水边露营还要考虑防潮的问题，可以在防潮垫和睡袋中间放一个充气垫，以提升防潮的效果。

062. 雪地露营技巧

在大部分人心中，冬季是最不适合露营的季节，因为冬季特别冷，尤其是在下雪的时候，气温非常低，很容易感冒。但是，也有很多人特别喜欢在冬季露营，特别是在雪天，氛围感非常好，如图4-5所示。下面就来介绍一些雪地露营的小技巧。

图4-5　雪地露营

1. 注意防风、保暖

说到雪地露营，首先应该关心的就是防风、保暖。除了携带雪地使用的帐篷、睡袋、床垫、防潮垫外，在搭建帐篷的时候，更要注意帐篷的防风性，防风绳和地钉要扎紧钉牢，而且不要将帐篷口对着风口。

其次，外套、裤子、鞋子、手套和帽子等都要选择那种防水、防风、保暖的，而且还要带一些换洗的衣物。

再次，在睡觉前可以先在取暖炉旁边取暖，再喝一杯热水。

最后，进入睡袋休息，可以把鞋子裹起来放到睡袋里。

2. 携带保温杯

水杯是我们喝水的重要工具之一，既然是去雪地露营，那就一定要携带保温杯，在喝到水的前提下还能御寒。保温杯要选择那种保温效果好的、容量大的，这样在半夜感到口渴时就不需要重新烧水了。重新烧水不仅浪费时间，而且夜晚气温极低，很容易感冒。

3. 准备炊具

除了衣物的保暖，还可以通过喝热水的方式进行保暖。雪地露营一定要携带可以生火的炊具，不仅可以用来烹饪热食，还能用来取暖。但需要注意的是，如果要去高山露营，则一定要选择高山气罐，否则可能会无法生火。

4. 取暖炉

雪地露营千万不要忘了带取暖炉，它是保暖的重要工具之一。可以选择那种用来照明的取暖炉，还可以拿到帐篷里面，非常方便。

063. 通过自然环境辨别方向

除了使用指南针，在露营时还可以通过自然环境辨别方向，相关技巧如下。

1. 通过太阳来辨别方向

"太阳从东边升起、从西边落下"是一个亘古不变的道理，所以，在晴朗的白天，可以通过太阳的升起和落下来辨别方向，如图4-6所示。

图4-6　日落

2. 通过积雪来辨别方向

在高山中迷失方向，可以通过山上的积雪来辨别方向。在北半球的冬天，太阳直射点在赤道和南回归线中间，此时北半球的光照方向都是从南往北的，所以，积雪难以融化的部位就是朝向北面的，如图4-7所示。

图4-7　雪山

3. 通过年轮来辨别方向

通过树木的年轮也可以辨别方向。由于朝南一面的阳光和雨水更加充足，所以，朝向南边的树木都长得更加粗壮，年轮也更稀疏，由此可以得出结论：年轮越稀疏的一面就是南面，相反则是北面。

通过年轮来辨别方向首先需要找到树桩，如果周围都是完整的树木，则很难利用这种方法来辨别方向。

4. 通过北极星来辨别方向

因为北极星的位置很稳定，而且指向北方，所以，在夜晚可以利用北极星来辨别方向。寻找北极星，需要先找到北斗星。北斗星也被称为"北斗七星"，简单地说就是由七颗星星组合而成的，分别是天枢、天璇、天玑、天权、玉衡、开阳、摇光。通过将斗口的天枢、天璇连线，并向斗口方向延长大约5倍的距离，即可找到北极星。

064. 指南针与方位

指南针的作用是辨别方向和方位，如图4-8所示。市面上有很多类型的指南针，可以选择一款大小和重量适中的指南针，在露营的时候如果迷路了，可以靠它找到正确的方向。

图4-8　指南针指示方位

指南针的使用方法为：当指南针处于水平静止状态的时候，绿色指针所指的方向就是正北，反之则是正南。

065. 搭建简易庇护所

在野外探险，搭建一个简易的庇护所不仅可以降低恶劣天气给我们带来的影响，还能让我们有一个栖身之地。搭建简易庇护所有以下几个要点。

（1）尽量选择靠近水源的地方，因为如果远离水源，清洗东西、洗漱、烧水等都不方便。如果选择小溪边，要观察是否有过涨水的痕迹。为了安全着想，不能将庇护所搭建在离水很近的地方，远近程度要视天气情况及周围的环境而定。

（2）如果周围的环境特别闷热，应尽量选择高一点儿的地方搭建庇护所，既凉快，也不用担心被山洪影响。

（3）不要在山顶、谷底和山口处搭建庇护所。山顶的风特别大，庇护所有被吹倒的风险；谷底非常潮湿，不适合长时间停留；山口处一般都是通向水源的地方，而且野兽也会频繁出没。

（4）尽量选择在背风处搭建庇护所，因为简易庇护所的牢固程度较低，如果搭建在迎风处，很容易被风吹倒。

066. 掌握急救与救援的方法

在露营时，可能会碰到一些突发情况，甚至可能会威胁到我们的生命。因为户外人流量少，而且信号也比较弱，救护车赶来也需要很长时间，可是一些疾病是有黄金抢救时间的，如果错过了，就真的回天乏术了。可以学习一些常用的急救知识，从而延长救治时间。

1. 心跳骤停

如果在露营时有人出现心跳骤停的情况，一定要及时救治，进行心肺复苏，主要方法有胸外心脏按压、人工呼吸等。在进行心肺复苏的同时，让其他人拨打

120急救电话。

2. 刀伤

在露营时经常会用到小刀，可能会出现被割伤的情况。在被割伤后，应该用清水对伤口进行冲洗，之后用碘伏进行消毒，视伤口长度和深度决定是使用创口贴还是使用绷带，而且隔几个小时就要换一次。

3. 被噎到

吃饭时经常出现被噎到的情况，特别是小孩子，此时最好的办法就是采用海姆立克急救法。

海姆立克急救法一般采用站立的姿势，站在患者的身后，将自己的左手握拳，右手握住左手的手腕处，然后把左手虎口放在腹部中间，用力收紧双手，多次来回按压，使吞食的异物受到向上的压力从而往上移，多循环几次，异物就可以排出来了。

但是，海姆立克急救法不适用于老年人，因为老年人腹部的收缩性较差，有的老人身形偏瘦，使用这种方法容易导致肋骨骨折。

4. 中暑

中暑在夏季露营时最为常见，主要原因是天气太热，又长时间在户外活动。一旦遇到中暑的情况，首先应该将中暑的人移动到空气流通的地方，然后对其进行扇风和凉水降温，必要时解开上衣的衣扣，等待几分钟，如果还是不见好转，应该立即拨打120急救电话。

5. 扭伤

如果不小心扭伤脚了，在没有专业人士在场的情况下，千万不要学电视剧里扳正回来的做法，很容易受到二次伤害。正确的做法应该是进行冰敷，最好每隔一小时左右冰敷一次，每次30分钟即可。一天之后就可以进行热敷了。在治疗期间不要随意走动。如果持续几日情况还是没有好转，则应该立即送医治疗。

6. 烫伤

如果不小心被热水烫到，则可以采用"五步法则"，分别为"冲""脱"

"泡""盖""送"。"冲"就是在发生烫伤之后，立即用流动的清水对烫伤的地方进行冲洗；"脱"就是在冲洗一段时间后，在水中脱掉被烫伤地方表面及周围的衣物，如果是紧身的衣服，则可以拿剪刀剪开，剪的范围要比烫伤的面积稍微大一点儿；"泡"就是将被烫伤的地方放入冷水中浸泡，最好浸泡30分钟左右；"盖"就是在浸泡完之后拿干净的纱布盖住伤口；"送"就是及时送医治疗。

067. 炊事地点的选择

在露营进行野炊时，要仔细考虑炊事的地点。下面介绍一些相关技巧。

1. 靠近水源

在进行野炊时，需要清洗食物、锅具和餐具，所以，水是不可缺少的东西。因此，要尽量选择一个靠近水源的地方，但也不能离水源太近，否则容易污染水源。

2. 光秃的地面

野炊时最怕的就是用火，也有很多露营时着火的例子，所以，要选择光秃的地面作为炊事地点，这样就可以减少火灾发生的概率，保护树木的安全。

3. 风小的地方

有时候进行野外烧烤，燃烧的炭会产生大量的烟雾，如果将炊事地点固定在迎风处，那么"掌厨"的人会被烟雾环绕，容易熏到眼睛，还会引发剧烈的咳嗽，既减慢了炊事的进程，又伤害了人体健康。所以，尽量将炊事地点选在风小一点的地方或者背风处，这样还能够加快炭的燃烧速度。

如果不是使用炭火，而是使用气罐或者柴火，要选择风小一点儿的地方作为炊事地点。因为不管是迎风还是背风，只要有一边来风，就会导致火向发生变化。

068. 迷路与如何被找到

在城市里或者在家旁边迷路了，可以通过手机里的导航软件或者询问路人来找到正确的方向。但是露营就不一样了，尤其是一个人在荒山野岭露营，手机信号也不好，如果迷路了，就只能通过其他方法来实现自救，相关技巧如下。

1. 保持冷静

如果在露营时不小心迷路了，千万不要太过惊慌或者害怕，应保持冷静，不要浪费自己的力气和精神，同时积极寻找一些具体的防护措施和求救措施。

2. 找寻记忆

在保持冷静之后，可以想一想刚才经过的树木、溪流等地理特征，看是否能原路返回。特别是在发觉自己已经迷路之后，千万不要继续盲目前进，否则更加弄不清楚周围的环境。

3. 做标记

如果一个人在森林里迷路了，为了防止在同一个地方来回兜圈，可以在树上绑一些丝带或者做一个专属记号，通过这种方法逐个排除错误的方向，找到正确的出口。

4. 判断方向

可以通过观察日出日落的方向、积雪的多少、年轮的稀疏程度、北极星的位置及使用指南针等来判断所在方位，然后确定一个目标方位再前进。

5. 求救

在大件的衣物上写上SOS（S.O.S，国际摩尔斯电码救难信号）的标志，等待直升机或无人机发现你。

6. 找寻生活物资

在尝试了几次无果之后，先观察周围的环境，要在太阳落山之前找好睡觉的地方或者搭建帐篷等，尽量选择高处休息，可以防蚊虫，也可以防野生动物的攻击,等到第二天天亮后再继续寻找出路。

069. 用露营清单来查漏补缺

在露营时因装备太多很容易忘记携带,可以准备一张露营清单来查漏补缺。

在出发露营之前,露营清单可以用来清点所有需要携带的物品,能够保证重要物品不会缺失;在露营结束之后,还可以利用这份清单来清算物品,以免将物品遗漏。

070. 野外如厕的技巧

在露营时,如厕不是特别方便,因为没有独立的厕所可以供露营者使用。所以,在露营开始前,可以应准备一个卫浴帐篷,专门用来洗澡和如厕。

跟用来休息的帐篷相比,卫浴帐篷更高,占地面积更小,而且卫浴帐篷的底部通常是开放的,这种设计刚好符合如厕和洗澡的需求。下面介绍一下搭建卫浴帐篷的小技巧。

(1)可以将卫浴帐篷搭建在离露营基地稍远一点的地方,而且要远离河流。

(2)可以在卫浴帐篷里面挖一个半米深的土坑,在如厕之前把沙土和铲子放在帐篷里面,在如厕之后铲一些沙土覆盖,以免味道散出。在露营结束之后,要将土坑埋好,并且做好相关标记,以便提醒之后的露营者。

海阔天空

1:53 —————————●——————————— -2:13

⏮ ⏸ ⏭

071. 做好用餐安排

与家人或者好友去露营，应提前规划好露营时要吃的美食，可以询问其他人的想法，也可以大家一起讨论，在讨论过程中要随时记录下来。除了吃什么，还要根据美食来准备相关的炊具，并根据露营的人数准备餐具和杯子等。当清单敲定之后，就可以根据这份清单去购买相关的菜品，分量要视具体的人数而定。

在到达露营基地前，也可以提前分配好任务，如一部分人烹饪美食、一部分人清洗菜品、一部分人搭建帐篷等，这样效率会更高。

072. 带上足够的衣物

"露营时带上足够的衣物"，这句话其实不分季节、不分地点。大多数人认为只有冬季才需要带上足够的衣物，其实不然。下面介绍一些在露营时准备衣物的注意事项。

（1）夏季昼夜温差大，特别是在山区和林区里面，所以，除了要带换洗的衣物，还需要带一些其他的衣物，如雨衣、冲锋衣等。在下雨的时候穿上雨衣，可以避免身体被淋湿。冲锋衣则有防风、防寒、防雨的作用，非常实用。

（2）露营时带的衣物一定要拿防水、防潮的箱子或者收纳袋装好，否则不小心被雨水打湿了，不仅换不了干净的衣物，而且还会增加行李的重量，同时晾干衣物又要浪费很多时间，非常麻烦。

（3）可以按上衣、裤子、外套等不同类别来分开收纳衣物，不仅整洁干净、条理有序，而且会加快寻找的速度。这样收纳衣物还有一点好处，就是这些衣物不会同时被淋湿，更加保险。

073. 让餐具保持清洁

在野炊结束之后，应及时清洗餐具，不要耽搁太长的时间，尤其是在夏季，特别容易滋生细菌，而且还会产生味道。下面介绍一些清洗餐具的相关事项。

（1）在清洗餐具前，先将剩菜剩饭倒进专门用来装食物的垃圾袋里，这一过程可以使用勺子或者筷子进行。

（2）户外一般只有冷水，如果不想烧热水来清洗餐具，可以先用纸巾擦拭餐具上面的油渍，再使用纯碱或者洗洁精清洗，这样会洗得更干净，而且速度更快。

（3）在清洗完之后，可以把餐具晾晒在太阳底下进行杀毒、消菌，然后收纳起来。在下一次使用之前，记得提前用热水浸泡。

074. 生态过滤器

在露营时，如果准备的纯净水不够，就只能使用户外水来解渴了。但是，户外水里面含有大量细菌，而且水质较浑浊，不适合人直接饮用，这时候就需要准备一个生态过滤器了。

生态过滤器对水源也有要求，尽量选择溪水和泉水等流动性强的水，干净的河水、湖水也可以。

有了生态过滤器，可以减轻携带饮用水的重量，而且生态过滤器非常轻巧，携带很轻松，适合徒步或露营时使用。

075. 冬季露营技巧

冬季露营跟其他季节露营相比，其实更方便，因为没有讨厌的蚊虫，只要做好保暖工作，也不会感到寒冷。下面就来介绍一些冬季露营的技巧。

1. 搭建帐篷

冬季的白天比夜晚要短，而且温差也大，所以，一定要赶在天黑之前搭建好帐篷，否则天黑了活动也不方便，而且特别冷。

2. 合适的衣物

虽说露营是一种享受生活的方式，但是在冬季露营时一定要穿着合适的衣物，不能纯粹从美观的角度出发，而要注重保暖性、防风性和轻便性。

3. 足够的食物

只带自己食量内的食物，太多了负担不起，太少了会不够，所以要把握好度，餐具和炊具也是如此。在出发露营前，应该想好每餐吃什么，以及会用到的餐具和炊具等，不要带用不上的物品，这样能够减轻负担。

4. 注意卫生

在吃东西前后，一定要用热水对餐具、锅具等进行浸泡消毒，还需要准备好消毒水，在进食之前记得擦手。

5. 做好保暖措施

冬季露营一定要做好保暖措施，因为气温太低了，可能随时会感冒。特别是脚部的防护，来回走动很容易弄湿鞋袜，所以，要提前备好换洗的袜子和鞋子。脱下湿了的鞋袜之后，也可以先用热水泡一下脚，提高温度。

CAMPING

ENJOY CAMPING LIFE

| 第 5 章 |

制作美食：料理简单而美味

在露营时制作一份美食，不仅仅是味蕾的享受，更是心与心的交流。即使我们制作的料理非常简单，但最重要的是那一份不可替代的心意，从味觉层面上升到了精神层面，这份料理虽然简单，但也很美味。

076. 食材的选购

在露营时，食材的选购非常关键，因为要考虑露营的人数、时长、季节、环境等多种因素，不能想吃什么就全部带上，这是不现实的。下面介绍一些露营食材的选购技巧。

1. 储存时间

如果露营时间比较长，就要选择一些可以长时间储存的食材，否则容易发霉腐烂，就不能食用了。除了需要烹煮的食材，还可以携带一些速食产品，如压缩饼干等，不仅能够补充能量，而且小巧、轻便，容易携带。

2. 补充能量

由于露营是一项非常耗费体力的活动，所以，在食材的选择上要更偏向有营养的、能够补充身体必需能量的物品，而且一日三餐都不能缺少。

早饭可以吃一些火腿、坚果和麦片等能够补充蛋白质的食物，维持人体的热量需求，应对上午的活动；中饭可以吃一些碳水化合物，如米饭、肉类食物等，补充人体所需的营养和能量；晚饭可以丰盛一点儿，因为时间充足，不需要着急赶路，可以煮一些热汤，补充水分和营养，也可以炒两个菜，在大自然中感受一下烟火的气味和生活的气息。

现在露营之所以方便，是因为大多数食物都能压缩，如米饭、菜和汤都可以，不仅携带方便、制作简单，而且还能够补充人体所需的能量，在露营群体中越来越受欢迎。唯一的不足之处就是它们的口感没有自己做的香，但是这似乎并没有太大的影响。

3. 容易携带

选择露营物品很重要的一点就是轻便，特别是食材，应尽量选择一些容易携带的食材。

077. 食材的保存

如果是短途露营，大部分食材不需要特殊保存，只需要将它们放在透气的收纳箱里面就可以了，但是水果和蔬菜等容易腐烂的食材要尽快吃完。如果是长途露营，需要做好食物的分装保存工作。

可以先将露营所需的食材分门别类，如速食类、生鲜类等，然后放入不同的收纳箱里面进行保存。

（1）速食类的食材如果没有吃完，可以拿绳子捆住开口，然后放进收纳箱里面。收纳箱也要记得封好口，否则食物的香气会吸引虫子和苍蝇。

（2）生鲜类食物可以储存在同一只收纳箱里面。为了防止发霉，到达露营地后，可以打开收纳箱的盖子透气，但要注意防虫鼠。

078. 食材的处理与携带

在露营时，如果想要吃一些美食，往往需要自己制作，所以，如何处理和携带食材就显得尤为重要。食材的处理和携带也关乎食材的保存时间，所以不能随便应付。

1. 食材的处理

要将食材分门别类，如肉类、菜类等。由于肉类一般需要冷冻，解冻起来也需要一定的时间。为了节省时间，可以提前将完整的肉切成合适大小的肉块。

2. 食材的携带

食材分好类之后，要将其分装到不同的保鲜箱里面。在将所有东西都整理到车上的时候，注意将装有食材的保鲜箱放在最方便拿取的地方。

079. 小吃类食物清单

在露营时，携带的美食一定要方便进食、耐储存，而且不需要花费太多的烹饪时间，像一些小吃类的食物就非常适合。下面就来介绍一些小吃类食物。

1. 自制寿司

在制作寿司的时候，可以加入一些自己喜欢的食材。这种自制寿司非常可口，且不需要加热，特别适合夏季食用。可以将寿司切成小块，用筷子夹着吃。

寿司的做法具体如下。

（1）在寿司帘上面先铺上一层保鲜膜，再铺海苔。

（2）将已经冷却的寿司米放在海苔上面，并将其按压铺平。

（3）在寿司米上面放入配料，如火腿、黄瓜、肉松、酸萝卜条等，千万不要放得太多，否则不容易卷起来。然后放入沙拉酱或者番茄酱即可。

（4）用手握住寿司帘，将寿司卷起来，第一步要慢一点儿，确保食材都被包裹住。在卷的过程中，一定要用力按压，让寿司定型。

（5）将卷好的寿司切成合适的大小即可。

在这里需要注意的一点是，在寿司米刚煮熟的时候，要加入寿司醋，并将其搅拌均匀。这种做法会使得寿司米更加紧实，有利于之后卷寿司。

2. 手抓饼

手抓饼是一种特别适合携带的小吃，可以提前做好，然后装进保鲜盒中。

手抓饼的做法也非常简单，只需要将手抓饼和里面要放的食物煎熟，然后包起来即可，如图5-1所示。手抓饼大多是完整的一个，如果吃不了这么多，也可以在里面少放一点儿食物。

图5-1　手抓饼

3. 鸡蛋卷

在制作鸡蛋卷的时候，可以加入一些自己喜欢的食材、配料，如胡萝卜、黄瓜、胡椒粉、葱花等。如果一起露营的人有不同的口味，那么，在制作好鸡蛋卷之后，可以用不同的保鲜盒分装，以免混淆。另外，鸡蛋卷也能够切成块状，在露营的时候分享给其他人品尝。

鸡蛋卷的做法具体如下。

（1）在碗中打入适量的鸡蛋，并将其搅拌均匀，放入胡萝卜、葱花等配料（可以根据自己的口味添加食材）。

（2）开小火，锅中放油，倒入蛋液（不要一次全部倒入，最好分3~4次倒入）。

（3）待蛋液凝固后，从一边慢慢卷起来；然后刷油，倒入蛋液，待其凝匝后按照同样的方法卷起来；重复这个过程，直至蛋液全部用完。

（4）出锅后，切成合适的大小即可。

080. 点心类食物清单

点心类食物主要供饭前和饭后食用，或者用来充饥。下面介绍一些露营时常备的点心类食物。

1. 椰汁马蹄糕

椰汁马蹄糕是一种广式早点，也称千层马蹄糕。其主要原料包括马蹄粉和椰汁，有清热、祛湿、解毒的效果。

在露营时，可以将椰汁马蹄糕切成方块形状，然后装到保鲜盒里，如图5-2所示。椰汁马蹄糕看起来就像果冻一样，吃起来非常爽滑，建议在冰箱里冷藏几小时后再食用，口感会更佳。

图5-2　椰汁马蹄糕

椰汁马蹄糕的外观一般是黄白相间的，因为它有两种原料，分别为黄浆和白浆。下面介绍椰汁马蹄糕的具体做法。

（1）原料的制作步骤。

- 在碗中加入一杯马蹄粉，两杯清水，将其搅拌均匀后进行过滤，此时黄色生浆就制作完成了。

- 在锅中倒入两杯清水，放入两块红糖，开火煮至其融化，然后关火。取一勺左右的黄色生浆加入锅中，迅速将其搅拌均匀，黄色熟浆即可制作完成。

- 把黄色熟浆和黄色生浆全部倒在一起，将其搅拌均匀，黄浆即可制作完成。

- 在碗中各加入一杯马蹄粉、椰浆和纯牛奶，搅拌均匀后进行过滤，完成白色生浆的制作。

- 在锅中倒入两杯清水、半杯白糖，开火煮至融化，然后关火。取一勺左右的白色生浆加入锅中，迅速将其搅拌均匀，白色熟浆即可制作完成。

- 把白色熟浆和白色生浆全部倒在一起，将其搅拌均匀，白浆即可制作完成。

（2）蒸糕的做法。

- 在蒸锅里面倒入足量的水，然后放上大小合适的碗，等到水开后，倒入一层黄浆，盖上盖子蒸2~3分钟；然后开盖倒入一层白浆，盖上盖子蒸2~3分钟；如此循环，直至原料全部用完。
- 待蒸糕完全冷却之后，进行脱模处理，最后切成合适的大小即可。

2. 毛巾卷

毛巾卷是一种形似毛巾的蛋糕，口感香甜，奶油含量较多，比较适合喜欢"甜口"的人食用。但不要一次性食用过多，否则容易反胃。

想要在露营时食用毛巾卷，最方便的做法就是直接去蛋糕店里购买，比自己制作会节省更多的时间。

3. 千层蛋糕

想要在露营时品尝千层蛋糕，除了可以自己制作，最快捷的方法就是去蛋糕店里购买。但是，一定要记得将其放到保鲜箱里，否则容易变质。千层蛋糕里面有很多夹心，非常适合喜欢吃奶油和果酱的人食用。

如果没有特殊要求，可以选择多种口味交合的千层蛋糕，不仅能品尝到不同的口味，还能分享给其他人食用。

4. 饼干

饼干也是一种常见的点心，不仅方便携带，而且保存时间比较长，不想做饭时可以拿来充饥。

081. 饮料类食物清单

在露营时，除了美食，我们还需要携带一些饮料。如果是夏季露营，可以携带一只小冰箱，将饮品冷藏后口感更佳。下面介绍一些饮料类食物清单。

1. 水果茶

除了一些成品饮料，可以自己制作饮料，比如水果茶。水果茶特别适合在夏天时解渴，特别是冰镇过后再拿出来喝，口感会更佳。

可以选择自己喜欢的水果，亲手制作水果茶。如果是夏季露营，建议选择那种有清热效果的凉性水果，不容易上火。如果怕麻烦，也可以购买水果茶包，只需要用热水冲泡即可，待冷却后再放入冰箱。但是，水果茶包也有不足之处，用它冲泡出来的水果茶没有新鲜水果的清甜，只能尝出一股淡淡的味道。

2. 凉茶

如果是夏季露营，可以制作一些凉茶，不仅有清热、去火的效果，而且没有苦涩感。

凉茶最方便的做法就是购买凉茶包，然后加热水冲泡。在吃烧烤或者火锅时，可以用凉茶来解辣。

082 简餐类食物清单

露营讲究的就是方便，如果在制作食物上面不想花费太多的时间，但是又想吃到美食，可以选择一些简餐类的食物。下面介绍简餐类食物清单。

1. 自热小火锅

如今，各种食物的制作越来越方便，有时候不需要点外卖或者自己动手，就可以吃到相同口味的美食，像自热小火锅就是典型的简餐。

市面上的自热小火锅种类非常多，不仅有自热火锅，还有自热米饭、自热煲仔饭等，可以供我们自由选择。

自热小火锅里面的菜品齐全，而且只需要15分钟左右即可煮熟，非常方便、快捷。如果在露营时不想携带锅具，那么自热小火锅是最佳选择。

2. 卤粉、凉粉

卤粉也是一种特别容易制作的食物，提前准备好调味酱料，在食用之前，将粉和酱料过一遍热水即可。凉粉跟卤粉的制作步骤一样，只需要提前将凉粉拌好即可，但凉粉更加方便，因为它不需要加热。

3. 饺子

饺子是一种速冻食物，可以用来当早餐或晚餐。如果没有冰箱之类的保温盒，就需要先将饺子煮熟或者煎熟，再带到露营基地。

除了直接购买饺子，也可以自己制作。具体做法如下。

（1）准备饺子皮，可以自己擀，也可以直接购买。

（2）准备馅料，如香菇白菜、韭菜鸡蛋等。

（3）包饺子时，在饺子皮周围涂抹一点水，能够让饺子皮粘得更加牢固。

（4）把适量的馅料放入饺子皮中间，包成一样的形状即可。

083. 汤类食物清单

饮食讲究均衡，速食类食物中的营养成分含量极低，因此，在露营时还可以准备一些汤类食物。

1. 紫菜蛋花汤

制作紫菜蛋花汤的原材料非常简单，而且紫菜和鸡蛋都易于携带，很适合在露营时食用。除此之外，紫菜蛋花汤的制作流程也极为简单，只需水开之后放入紫菜、鸡蛋并煮熟即可。

2. 海带排骨汤

海带排骨汤营养丰富，但制作时间比较长，因此，可以提前将排骨处理好，到达营地之后只需熬煮即可。

海带排骨汤的具体做法如下。

（1）排骨冷水下锅，加入葱、姜、料酒等调料去腥。把海带放到水里面泡发，清洗干净后切成合适的六小备用。

（2）将排骨煮出血沫后即可捞出，然后清洗干净备用。

（3）锅中倒油，下葱、姜、蒜爆香，然后加入排骨，翻炒多遍之后加入清水。

（4）将漂浮的葱、姜、蒜捞出，加入海带，先用大火煮开，然后转小火慢炖。

（5）完成后加入适量的食盐和生抽调味，加入葱花点缀即可。

3. 番茄鸡蛋汤

番茄鸡蛋汤中的蛋白质含量丰富，并且具有抗氧化的作用，是一种常见的汤类。

番茄鸡蛋汤制作起来很方便，只需要先将番茄炒熟，倒入清水烧开，然后一边不停地搅拌汤底一边倒入搅匀的鸡蛋液，最后撒点葱花即可。

084. 爆米花

爆米花口味香甜，小孩子特别喜欢吃。在露营的时候，可以准备一些爆米花，在饿的时候垫一下肚子，或者无聊的时候也可以吃。

制作爆米花的原材料很简单，只需要准备一些专用的玉米粒、白糖即可。爆米花的制作方法也非常简单，具体步骤如下。

（1）锅中倒油烧热，然后倒入专用的玉米粒。

（2）加入白糖反复翻炒，等到有一两颗玉米粒开始爆出来，盖上锅盖等待。

（3）在等待的时间里，我们可以准备一个大一点儿的盆来盛放爆米花。

这种制作方法的成功率很高，而且跟市面上的爆米花相比更干净，食用起来更放心。

085. 奶茶

市面上有很多制作奶茶的方法，建议大家选择一种自己认为最简单的方法。例如，可以购买奶茶粉，只需要将它按量加到热水中烧开即可。

除此之外，还可以自制奶茶。

（1）准备原材料，包括红茶、牛奶和饮用水。

（2）在锅中倒入饮用水和红茶，煮5分钟左右即可，然后将煮好的红茶过滤到杯中。

（3）将牛奶和过滤后的红茶混合到一起就制作完成了。

如果你觉得这样制作的奶茶太单调，则也可以在奶茶中添加一些配料，如珍珠（木薯粉圆）、红豆、花生米、葡萄干、龟苓膏等。

086. 火锅

火锅本来就很受欢迎，除了美味，主要原因是它的制作不需要技巧。火锅没有固定的食材，只需要底料即可，可以随便准备一些自己喜欢吃的食物，在煮火锅之前清洗干净放入即可。

在露营时，可以选择携带鸳鸯火锅，一半红汤，一半清汤，这样就能照顾到每个人的口味，如图5-3所示。

图5-3　鸳鸯火锅

火锅的简易做法如下。

（1）清洗干净所有的食材备用。

（2）在锅中放入火锅底料，加水煮开。

（3）加入一些耐煮的食材，像火锅丸子等。

（4）每个人调好蘸料，即可准备开吃。

087. 炒饭和饭团

如果想在露营的时候吃到米饭，但是又不想煮，可以选择携带炒饭和饭团。

1. 炒饭

在露营之前，如果家里还有没吃完的米饭，千万不要浪费，可以用这些剩饭来炒饭。

2. 饭团

制作饭团带到露营基地是大多数露营者的选择，因为饭团的制作和携带都非常方便。饭团的制作方法跟寿司的制作方法类似，只需要将食材放到饭团里面即可。不仅可以在饭团中添加黄瓜、火腿、海苔等自己爱吃的配料，还可以使用模具制作不同形状的饭团，从而增加饭团的美观性和大家的食欲，如图5-4所示。

图5-4　饭团

饭团的具体做法如下。

（1）准备好米饭，将需要加入的配料煮熟备用。

（2）把所有的食材和米饭抓拌均匀，放到模具里面定型。如果想要拿取更方便，可以先在模具上铺一层保鲜膜。

088. 米饭

如果在露营时想要吃新鲜的米饭，其实方法有很多种，具体介绍如下。

（1）可以带一只小锅进行蒸煮。首先将大米放到热水中，用汤勺来回翻动，如此反复几分钟后，把大米盛出来过滤。然后洗净小锅，往锅中加入少量的水，将大米倒进去，煮好后即可吃到香喷喷的米饭。但是，这种方法耗时耗力，不太适合新手。

（2）携带电饭锅之类的烹调用具，这样制作米饭最方便，但是电饭锅的体积较大，不方便携带。

（3）购买自热米饭包，不仅保存时间长、制作方便，而且节省空间。自热米饭包的使用一般分三个步骤，首先倒入米饭，然后加入热水，最后盖上盖子等待，具体的等待时间可以查看包装袋上的说明书。

089. 分类回收与洗碗

在用餐结束之后，一定要将食物垃圾做好分类处理，并且及时洗碗，否则很容易滋生细菌。

1. 分类回收

做好分类回收的前提是要知道各种垃圾的分类，然后按照类别分装到不同的垃圾袋里，并贴上相关的标识，以防弄错。在露营结束之后，就可以扔掉这些垃圾。

千万不能将垃圾直接云在露营基地，会污染土壤和环境。

2. 洗碗

不管是在家里还是在露营基地，在使用完餐具和碗具之后，一定要及时清洗，不能偷懒。

特别是夏天，可能因为天气太过炎热，所以在吃完晚饭后不想洗碗。等到第二天准备做早餐的时候，才发现昨晚未清洗的碗里爬满了苍蝇和虫子。看到这种画面，好心情也就瞬间消失了。为了防止发生这种情况，应该在用餐完毕之后及时清洗碗筷，晾干水分后放到收纳箱里，方便下次使用。

第 6 章

户外活动：享受真正的自由

在露营时，可以准备一些家人、朋友都可以参与进来的户外活动，增进交流，共同享受露营时光，体验大自然的馈赠，享受真正的自由。

090. 登山

在露营时，大多数人会选择到山峰旁边扎营，因为这样会方便他们之后要进行的登山活动。

登山是一项极度耗费体力和耐力的活动，虽然会非常累，但还是受到很多人的欢迎。因为对于他们来说，登山不仅能锻炼身体，而且还可以欣赏风景，站在山顶俯瞰山下的全景，那是属于山顶的独有视角，如图6-1所示。

图6-1　山顶俯瞰视角

虽然登山的过程很艰辛，但是登上山顶之后会很有成就感，特别是当微风拂过的时候，身体上的疲惫也会被一扫而空，如图6-2所示。

图6-2　感受微风的吹拂

091. 看书、画画

在露营时,可以更加享受一个人的时光,看书、画画都是不错的选择。

1. 看书

随着科技的不断进步,我们已经不需要携带那种特别重的纸质书了,手机里面就有很多看书的相关App,如图6-3所示,甚至还有听书功能,非常方便,可以躺在帐篷里一边听书一边闭眼休憩。

图6-3 看书的相关App

当然,也不乏喜爱纸质书的人,跟电子书相比,虽然携带比较麻烦,但是更有质感。想象一下:我们躺在吊床上,手上拿着一本书在阅读,而周围有行人忙碌的身影,时不时还有微风吹过,多么令人向往。

除了阅读,还能在纸质书上做标记,写下所思所想。在露营中拍摄的照片,也可以打印出来夹在书里面,几年之后再去翻看,会别有一番滋味,这种记忆是不会被磨灭的,书中笔记的褪色正彰显了时光的流逝。

2. 画画

画画是一种能够表达自身想法的方式,有时还会特意去户外寻找灵感,然后将它们在画纸上表达出来。

画画是有"思想"的,因为画笔在我们的手中,会受到心情和周围环境的影响,而且还跟我们的想法有关系,所以,这样的作品会具有浓厚的个人思想。如果一家人去露营,让小朋友们画画,就会更有纪念意义。

092. 钓鱼

如果想要在露营的时候去钓鱼，在选择露营场所的时候一定不要忘记查看周围的环境，最好选择有水库、河湖等可以钓鱼的场所。如果实在不清楚，也可以在网上咨询同样爱好钓鱼的露营者。

钓鱼越来越受年轻人的喜爱，不管是严冬还是酷暑，总能在河边看到垂钓者的身影，他们包裹着自己的身体，像与外界隔绝一般，一心只有手中的钓竿。有时候，他们一坐就是一天，甚至半天都钓不到一条鱼，但是这并不会影响他们对于钓鱼的热情，所以，钓鱼这项活动是非常考验耐力的，如图6-4所示。在露营的时候去钓鱼，不仅可以消遣时间，顺利的话还可以给一起露营的人加餐。

图6-4　钓鱼

093. 赏花

如果想要赏花，最好不要选择冬季去露营，因为冬季花的种类特别少；最好选择春季和夏季去露营，花的种类会更多。赏花有几个需要注意的地方，具体如下。

（1）可以选择专门种植花卉的露营基地，其观赏性和完整性更佳。

（2）观赏花卉最好选择清晨，那时候露珠还藏在花瓣里面，正是花开得最美的时候，不仅天气很凉爽，空气也很清新，就算是夏天也不会有烦闷的感觉。

（3）如果不想去专门种植花卉的露营基地，也可以选择树木比较多的户外露营基地。由于野外生长的花一般呈分散状，所以观赏性稍差。

094. 乘吊床

露营是一场放松身心的活动，提到轻松、自由，大多数人会想到吊床。我们可以躺在吊床上自由移动，感受风的速度和大自然的味道。

吊床其实是一种卧具，由于使用很方便，也常被用来休闲娱乐，可以在吊床上面享受到坐秋千的感觉，可以躺在上面看书、听歌。因为吊床不固定，所以只要我们动一下，吊床就会跟着摆动，那种感觉非常自在、舒适。

吊床的外形看起来像一艘小船，如图6-5所示，它的中间是悬空的，两边要固定在不易移动的物体上，而且还要能够承受很大的重量。一般将吊床拴在大树上，因而适用于公园、林地等露营场所。

图6-5 吊床

吊床的安装很简单，主要有以下几步。

▶▶ 步骤1 确定吊床离地面的高度，固定绑带，如图6-6所示。

▶▶ 步骤2 将吊床头部的绳子和绑带连接好，即可完成安装，如图6-7所示。

图6-6　固定绑带

图6-7　连接吊床头部的绳子和绑带

在使用吊床的时候，也应该注意一些安全事项，具体如下。

（1）在使用前检查吊床的绳子是否拴牢，检查吊床绳子与绑带的连接处是否有严重磨损的情况。

（2）如果有小朋友，最好在吊床下面准备一块海绵垫子，以防发生意外。

（3）不要站立在吊床上玩耍，容易发生危险。

（4）吊床离地面的高度要适中，最好在30厘米左右。而且吊床两边的高度要一致，不能出现一边高一边低的情况。

（5）吊床头部的绳子不能缠绕或打结。

095. 放风筝

春天是一个放风筝的好季节，如果选择春天去露营，可以多准备几个风筝，体验一下童年的美好。

在电子设备还未流行的时候，小孩子的玩耍心都是靠手工游戏支撑起来的。除了买风筝，还可以自己动手制作风筝，虽然外观不算精美，但是意义不同。

在放风筝时要选择一个比较空旷的场地，否则容易挂到障碍物，最好远离露营基地。

096. 看电影、K歌

在露营时，需要选择一个能够让所有人参与进来的游戏，看电影、K歌就是不错的选择。

1. 看电影

在露营时，可以搭建一个露天剧场，带上平板电脑或者投影仪，在帐篷里或者营地中播放电影。想象一下：一堆人围坐在一起，感受着凉爽的微风，惬意地喝着饮料，而面前的屏幕上播放着电影，别有一番滋味，不仅能够放松身心，而且不需要消耗力气，如图6-8所示。

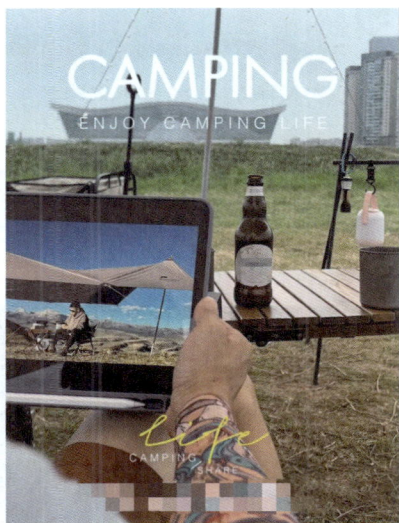

图6-8　在露营基地看电影

如果露营人数不多，可以选择携带平板电脑；如果露营人数较多，可以选择携带投影仪。

2. K歌

如果露营人数较多，又没什么可以一起玩的游戏，可以考虑一下K歌，不仅能够让所有人参与进来，而且还能带动氛围。

户外K歌最不方便的就是需要携带麦克风和音响，如果可以忽略，那么我们可以自购带有屏幕的K歌音响一体机，而且还带有轮子和伸缩杆，方便移动。

户外K歌能够带动所有人的情绪，播放几首可以大合唱的歌曲，氛围就会被烘托到高潮。

但是，在户外K歌需要注意几点，特别是在露营基地。

（1）要跟露营基地周围的露营者打好招呼，最好不要打扰到别人。

（2）可以多准备几个麦克风，节省来回传递的时间。

097. 放烟花

如果要问在夜晚什么东西可以激起孩子们的好奇心，那么答案一定有烟花，如图6-9所示。烟花燃放的氛围如梦如幻，在漆黑的夜晚时不时冒出五彩斑斓的烟花，会让人非常兴奋，不仅仅是因为烟花燃烧发出的声音，更重要的是因为烟花所带来的氛围感。特别是在户外放烟花，能够展示的场地会更加宽广，视线也会更加开阔。

图6-9　烟花

在露营时，尽量选择燃烧声音小一点儿的烟花，否则很容易打扰到营地里的其他人。像仙女棒就非常合适，不仅燃烧声音很小，而且燃烧起来很漂亮，也比较安全。

098. 拔河

拔河是一项传统运动项目，从小时候开始这项活动就一直陪伴着我们。拔河的规则是在绳子中间做一个标记，两边各站相同的人数，在哨子吹响之后双方开始拉扯绳子，最终中间的标记更偏向哪一边就获胜，反之则落败。

在露营时，可以分成两队，一队是小朋友，一队是大人，小朋友对小朋友，大人对大人，两支队伍相继进行比赛，决出胜利者。拔河不仅能够锻炼身体，还能增进情感交流。

099. 猜野花、猜树名

露营总是让我们身处自然环境之中，特别是在春季，万物复苏，可以带着孩子去爬山观光，但是为了避免爬山的路途中太无聊，可以玩一些游戏，丰富这段路程。

小孩子特别容易被野花和树木吸引，可以跟他们玩"猜名字"这个游戏，每看到一种不同类型的野花和树木就来猜它们的名字，猜对了就给予鼓励，猜错了还可以给他们普及相关的知识点，有时候还可以聊一聊野花和树木的名字来源典故。这样不仅可以增加孩子们的知识量，还能提高孩子们对爬山的积极性，让这个长距离的活动变得更有趣。图6-10所示为户外常见的小花。

图6-10　户外常见的小花

为了完善这个游戏，在露营前可以准备一本有关花卉和树木的书，也可以提前了解一些野花和树木的名字，以免到时候自己都不知道。

100. 围炉夜话

在营地中的炉火陪伴下，特别适合来一场真心话的交谈。大家围坐在一起，无论是环境还是心情都已经渲染到位了，可以和家人或者朋友说说心里话，交流感情。

经过这场围炉夜话，不仅能减轻自己的压力，还能增进与家人和朋友之间的交流。这样的露营是非常有意义的，这种场景和记忆很难被磨灭。

101. 捡贝壳、捉螃蟹

除了一些互动游戏，在海边露营的时候，还可以去沙滩上捡贝壳、捉螃蟹。在露营前了解当地的海水涨、落潮规律，在海水退潮之后，就可以带孩子们去赶海，各自提着小桶去捡贝壳、捉螃蟹。不过，在此过程中，要时刻注意孩子们的走向，不要让他们去危险的地方。

在赶海的过程中，最常见的就是捡贝壳和捉螃蟹了。捡贝壳其实很简单，在海水边多观察即可。但是，捉螃蟹就没那么容易了，因为螃蟹不仅跑得非常快，而且还会钻到沙子里面，一不小心就不见了。所以，一旦发现螃蟹，先不要打草惊蛇，等确定能够捉住它之后再行动。

102. 体验沙滩和泥土、堆沙堡

在海边或湖边露营的时候，可以带孩子们去沙滩上面玩耍，如图6-11所示。我们可以一起玩"谁是木头人"或者捉迷藏的游戏，跟孩子们在沙滩上面尽情地欢笑和奔跑，体验海风和海水所带来的凉爽。

图6-11　沙滩

孩子们最喜欢玩的就是沙子和泥土了，可以跟他们协作搭建沙堡，也可以互相比赛，看谁完成得最好。不过，在海边或湖边玩耍的时候，一定要给孩子们换上舒适、宽松的衣服。

103. 漂流、潜水

夏季露营，大部分活动都跟水有关，因为天气太过炎热，跟水有关的活动能够很大程度地减轻我们的烦闷情绪，像漂流、潜水就特别适合。

1. 漂流

漂流是一种能够跟水近距离接触的活动，也是一项需要勇气的运动，不仅能让孩子们体验到不一样的魅力，还能提高他们的勇气和自信。漂流需要注意的安全事项如下。

（1）可以在安全的浅水区域活动。

（2）在开始漂流之前一定要穿好救生衣。

2. 潜水

跟漂流不同的是，潜水需要佩戴专业的装备，如图6-12所示。

图6-12　潜水装备

在海边露营时，可以带孩子们一起去潜水。在刚开始潜水时，应选择较浅的水域，让孩子们体验潜水的感觉。在完全掌握了潜水的相关知识和技能后，就可以稍微往周围移动，不过要时刻注意孩子们的安全。潜水需要更强的肺活量，所以，每隔一段时间就要让孩子们到水面上换气。

104. 建堤坝、垒石子

如果去水边露营，一定要充分利用水这一优势，跟孩子们一起玩耍，如建堤坝、垒石子等。

1. 建堤坝

小时候去小溪边或者浅水滩玩耍的时候，除了打水仗，最常玩的游戏就是建堤坝。捡很多的石子放在河边上，在大脑中构建出大体的框架之后，就开始将石子一个接一个地放在溪水里，直到把溪分隔成两部分。还有一种玩法就是在溪水里用石子围成一个圆圈，不让水流出去。

所以，如果带孩子们去水边露营，可以尝试一下建堤坝，说不定孩子们还会开发出新的玩法。

2. 垒石子

在水里面玩久了，可以将游戏阵地转移到岸边，这次的主要道具还是石子。可以跟孩子们在一块大石头或者地面上比赛垒石子，看谁垒的层数最多或者垒得最高。

第 7 章

拍照技巧：记录露营时光

露营是一场与家人、朋友交流感情的旅行，在露营中一起享受时光，拥有了许多共同的记忆。要想留下记忆中完美的露营画面，需要学习一些拍照技巧，将露营中的美好时光定格在照片中。

105. 学会精美构图

构图对于摄影是极其重要的，构图的好坏将直接关系到画面的美观度。但是，很多新手在露营地拍照时，特别容易忽视构图的重要性，从而导致照片的主体不突出、主题不明确等一系列问题。

在摄影中，不同的拍摄角度会带来不同的感受，并且选择不同的视点可以将普通的被摄对象以更新鲜、别致的方式展示出来。

除了角度，拍摄方向对于照片来说也很关键，选择不同的拍摄方向，拍出来的照片效果截然不同。了解常用的拍摄方向，对拍摄技术的提高会有很大的帮助。

简单来说，构图就是一种安排镜头下各个画面元素的技巧，通过将人物、景物等进行合理的安排和布局，从而更好地展现拍摄者想要表达的主题，或者使画面看上去更加美观、更有艺术感。

例如，在拍摄水景或高山时，可以将高速公路的水平线安排在画面的上1/3位置处，形成三分线构图，使画面更加美观，如图7-1所示。

图7-1　三分线构图

另外，不同的构图形式可以形成不同的画面视觉感受。例如，在拍摄大桥时，从桥的一头拍到另一头，在视觉上形成了近大远小的透视构图，同时广角镜头也加强了空间感，如图7-2所示。

图7-2 透视构图

前面说了一些构图的重要性，那么，构图究竟有什么作用呢？在这里，主要总结了两点：一是构图可以赋予画面一种形式美感；二是构图可以营造画面的兴趣点，也就是主体。

很多摄影大片，大家一眼看到就能感受到它的美，这就是构图的作用所在。摄影大师通常会运用各种构图形式来增加作品的形式美感，即使是普通的生活场景，也能随随便便拍出精美的作品，让画面富有独特的韵味。

例如，在拍摄道路时，可以利用画面中弯曲的线条进行构图，从而赋予画面一种形式美感，如图7-3所示。

图7-3 用构图展现形式美感

通常一张照片都会有一个明确的主体，也就是吸引欣赏者的兴趣点所在。

当然，这个主体可以是你想要表达的任何东西，如一朵白云、一棵树、一个人、一缕阳光等，通过一定的构图形式来加强这些主体在画面中的存在感，让欣赏者的视线集中在画面中的主体上。

图7-4所示为画面较为杂乱、主体不够明确的照片。可以走近一点儿，或者调整焦距，让主体更加突出，如图7-5所示。

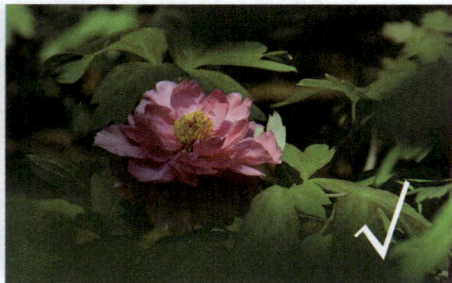

图7-4　主体不够明确的照片　　　　图7-5　主体明确的照片

在拍摄照片时，把过多的对象放在画面中，很容易产生画面杂乱的问题。和很多视觉艺术一样，当拍摄者明确了照片主体之后，让画面简洁起来将是首先需要注意的细节，摄影构图的要点就是画面简洁。

106. 善于捕捉光线

在露营地拍照时，要善于利用不同的光线来构图，如自然光、人造光、现场光等。随着时间的推移，自然光的强弱和方向变化十分明显，在拍摄时需要特别注意；人造光可以随意调整光源的大小、方向、角度等，从而完成一些特殊的拍摄要求，增强画面的视觉冲击力；现场光可以更好地传递场景中的情调，而且富有真实感，但要尽可能找到高质量的光源，以免画面模糊。

在拍照时，曝光问题很常见，也很容易被大家忽略。曝光问题主要体现在画面的明暗度上，也就是说，照片上的明暗区域分配是否合理，比较常见的两个问题就是曝光过度和曝光不足。

1. 曝光过度

曝光过度是指画面过于明亮，缺少暗部的细节，画面阴影部分不够明显，通常是由于测光点不正确或者曝光时间过长造成的一种影像失常现象。

图7-6所示为曝光过度的画面，可以看到天空的颜色完全失真，而且树木的颜色过亮。图7-7所示为曝光正常的画面，整体的明暗层次感很强，画面影调趋于正常。

图7-6　曝光过度的画面　　　　　　　　图7-7　曝光正常的画面

光源过于强烈，人物的脸部和身体部分几乎看不清楚，如图7-8所示。在这种光源比较强烈的环境下，可以适当降低曝光补偿参数，让画面细节更加精确，如图7-9所示。

图7-8　曝光过度的人像照片　　　　　　图7-9　曝光正常的人像照片

2. 曝光不足

相比曝光过度，在弱光下的曝光不足问题更加令人头疼，会导致画面整体显得比较灰暗。

当画面曝光不足时，可以调大光圈，增加进光量，或者增加曝光补偿参数，也可以将测光点对着画面中较亮的部分测光。

3. 不同时段的光线拍摄技巧

不同时段的光线特点是不同的，下面介绍不同时段的光线拍摄技巧，帮助大家在露营地的各个时段都能拍出精美的照片。

早晨、黄昏的光线相对来说比较柔和，而且光线的质感和色彩都非常适合拍照。不过，摄影对于光线的强度也有一定的要求，因此，建议大家在太阳升起后及落山前1小时左右去拍摄。

例如，在太阳落山前的一段时间拍摄风光照片，此时光线充足，而且呈现出暖色调，也不会太刺眼，如图7-10所示。

图7-10　太阳落山前拍摄的风光照片

上午的光线主要是指从太阳升起后1小时左右，直到上午11点左右的光线，这段时间的光线强度不错，透视感也非常强。但要注意的是，此时的太阳光很刺眼，而且是斜射过来的，所以需要把握好构图的角度。

午间的光线主要是指中午12点左右的光线，尤其是在晴朗的天气下，光线非常强烈，通常垂直照射在地面上，形成顶光效果。但要注意的是，由于午间的光线特别强烈，拍出来的照片通常会缺乏立体感和空间感，因此，我们要善于运用独特的构图手法来弥补这一缺陷。

下午的光线强度较硬、亮度较高，需要结合光线的特点和一定的构图形式来进行拍摄。在下午拍摄耀眼的太阳光时，可以选择小光圈，使太阳光呈现出漂亮的星芒效果，如图7-11所示。

图7-11　漂亮的太阳星芒效果

夜晚的光线主要是指太阳完全落山后的光线, 此时几乎没有太阳光了, 环境会比较暗, 可以寻找城市中的霓虹灯光来进行拍摄, 同时可以适当延长曝光时间, 缩小光圈, 增加画面的景深范围。另外, 可以配合使用三脚架等设备, 在夜幕的衬托下, 可以很好地表现城市的霓虹闪烁景象。

107. 户外风光如何拍摄

为了使拍摄出来的照片更加完美, 大多数人在露营时都会携带具有优秀的锐度、虚化等效果的专业摄影设备。设备专业固然是拍好照片的一个前提条件, 但在拍摄时注意一些细节和技巧才是最重要的。

户外风光照片的拍摄视角大致可以分为俯视、仰视与平视三类, 不同的视角可以表现出不同的意境。

(1) 俯视: 是指从高处向低处看, 这样拍摄的画面显得更加广阔和深远。拍摄者可以站在山顶、高楼顶层或者电视塔上进行拍摄。

(2) 仰视: 是指从低处向高处看, 在拍摄时可以突出被摄主体的高度感, 而且还可以产生近大远小的透视变化, 适合拍摄高楼、雕像等建筑, 以及飞鸟、树木等生态静物。

(3) 平视: 是指将镜头和被摄主体保持水平, 适合拍摄在平地上或者水平面耸立的山峰，可以给欣赏者带来一种安宁、平静的视觉感受，如图7-12所示。

图7-12　平视视角拍摄的山水风光

108. 水景如何拍摄

在野外尤其是山区、海边等地露营时，少不了看到各种溪流、瀑布、湖泊、海景等流水景观，如何拍摄出如梦如幻的流水就成了困扰摄影爱好者的难题。在拍摄流水时，不能单纯依靠调整曝光，否则长时间的曝光可能获得的仅是一张一片空白的照片。

拍摄者应控制好快门速度，与夜晚拍摄车流类似，如使用慢速快门可以让水面变得如丝般黏稠，如图7-13所示。

图7-13　使用慢速快门拍摄的水景

在拍摄溪流、瀑布等水流比较活跃的景观时，可以使用高速快门来记录流水的动态之美。另外，在拍摄湖泊、水乡等景色时，可以采用上下对称或左右对称的构图形式来拍摄水面倒影，也可以获得不错的效果，如图7-14所示。

图7-14　使用对称构图拍摄的水面倒影

109. 山川如何拍摄

山川是露营旅途中十分常见的风景，也是一种重要的摄影题材。例如，以俯视视角拍摄山川，可以展现其连绵、蜿蜒之势，如图7-15所示。

图7-15　俯视视角拍摄的山川

在山顶或者依山傍水的地方露营，经常会出现云雾或水雾，虽然它们会遮挡部分景物细节，但也会使画面意境变得更加神秘、缥缈，犹如仙境一般，如图7-16所示。

图7-16　水雾中的山

山川照片的构图也可以采用V形构图、三角形构图、三分线构图等形式，不仅可以突出画面中交错的山峰，而且可以获得抽象的结构美感。

110. 日出、日落如何拍摄

日出日落，云卷云舒，这些都是非常浪漫、感人的画面，日出日落时分也是露营拍照的黄金时段，只需运用一些正确的方法，即可拍摄出具有独特美感的照片。

1. 日落后的火烧云

火烧云是一种比较奇特的光影现象，通常出现在日落时分，此时云彩的亮丽色彩可以为画面带来活力，同时让天空不再单调，而是变化无穷的。在拍摄火烧云画面时，如果光线不足，可以将测光点对准太阳周围的云彩，展现出层次分明的云层效果。

在日落时分，光线呈现反射状的现象，照射在云层上的层次和力度非常明显，离太阳最近的地方为橙色，然后变为黄色，离太阳最远的地方则为蓝色，形成了一种渐变的色彩效果，同时也形成了冷暖色彩对比效果，这种变幻莫测的火烧云可以吸引人们的注意，增强画面的表现力。

2. 展现彩霞的剪影

面对漂亮的彩霞，可以采用逆光的形式拍摄，让前景中的景物呈现出剪影的效果，可以更好地突出彩霞风光，展现余晖中剪影的独特魅力，如图7-17所示。

图7-17　彩霞风光

3. 水面反射金光

在日出或者日落时分，当太阳和彩霞照射到水面时，会反射出金色的光芒，可以形成一种仙境般的美景，如图7-18所示。

图7-18　水面反射金光

4. 黄昏时分的温暖阳光

在黄昏时分，太阳呈现出橙黄色的暖色调，此时的光线表现力非常独特，大面积的暖色调可以让画面看上去非常干净、整洁，同时使画面更加紧凑。在拍摄黄昏景象时，可以根据画面中要表达的重点对象，选择不同的画幅构图，让画面更有魅力，如图7-19所示。

图7-19　黄昏时的暖光

5. 明镜空灵的夕阳水面

在夕阳的照射下，水面会呈现出不同的色彩效果，使得这一时刻的景色非常迷人。可以运用水平仪来纠正水平线，并且适当安排水平线在画面中的位置，如水平线构图、三分线构图等都是不错的选择，可以产生不同的视觉效果，从而增强明镜空灵的夕阳水面的表现力和形式美。

111 天空如何拍摄

在夏季露营时，总能看到湛蓝的天空，但是拍摄出来的效果总是差强人意。怎样才能让镜头下的天空画面不再单调，更有特色呢？

在拍摄天空时，可以寻找那些形状独特、色彩绚丽的云彩，即可轻松拍到迷人的天空和云霞。在日出或者日落时分，天空中的云彩会受到太阳光线的影响，呈现出紫色、橙色或者金黄色等色调效果，可以带来温馨、浪漫的感受。

另外，也可以将天空作为背景，寻找一些生活中常见的景物或者建筑物作为拍摄对象，将其和天空融为一体，得到既简洁又美观的画面效果，如图7-20所示。

图7-20　天空与建筑物

112. 小写意画面如何拍摄

在露营时，经常会遇到一些美好的画面，此时可以快速将这些有趣的场景拍摄下来，也可以添加一些心情文字，成为一幅充满情感的小写意画面。

拍摄露营地前的几株狗尾巴草，运用虚实对比、远近对比，表达拍摄者的思想意境，如图7-21所示。拍摄树枝上正在呼唤同伴的小鸟，彰显春天的勃勃生机，整个画面带有绿色调，别有一番意味，如图7-22所示。

图7-21　狗尾巴草

图7-22　正在呼唤同伴的小鸟

113. 小景如何拍摄

　　小景在露营地随处可见，拍摄时可以适当拉近与被摄主体的距离，同时运用合适的构图形式，展现被摄主体的独特美感。另外，也可以使用一些特殊的光影和色彩，为画面营造出不一样的氛围。

　　使用特写构图拍摄依附在树叶上的蝴蝶，不仅画面美观，而且还可以更好地突出主体，快速吸引欣赏者的视线，如图7-23所示。使用低角度抓拍正在观察周围环境的小鸟，并运用中心式构图汇聚欣赏者的视线，近距离拍摄让小鸟的神态非常清晰，如图7-24所示。

图7-23　依附在树叶上的蝴蝶

图7-24　抓拍的小鸟

114. 远景如何拍摄

　　在露营地附近拍摄远景时，要尽量选择色彩比较简单、画面元素不多的场景，不仅可以展示出被摄对象的全貌特征，而且还能够从宏观的角度表现空间环境。可以使用远距离拍摄方式，使被拍摄画面看上去更加宽广，给人一种宏伟的视觉感受，如图7-25所示。

图7-25　远景拍摄效果

147

115. 微距如何拍摄

微距摄影由于距离被摄对象较近，因而可以呈现更小的主体和视角，更能表现事物某一方面的细节。

微距摄影是露营时常用的摄影方式，比如看到路边漂亮的花花草草、小虫子、美食和一些特色小物品，总忍不住拿出相机拍一拍，但大部分人拍摄出来的效果很普通。在拍摄花卉、静物等微小的景物时，如果打开相机后立即按下快门，则通常很难拍摄到清晰的照片。因此，在进行微距摄影时必须掌握正确的对焦方法。

图7-26所示为直接拍摄的昆虫效果，出现了严重的对焦失误，导致画面十分模糊。调整焦距，待画面清晰后，按下快门完成拍摄，如图7-27所示。

图7-26　对焦失误拍摄的昆虫　　　图7-27　正确对焦之后拍摄的昆虫

在微距摄影中，通常被摄对象比较微小，因此一定要做到主次分明，将自己想表达的主体突显出来，不要让次要的部分抢了主体的风头。例如，通常可以使用黄金分割的构图原则，或者九宫格中的四个交叉点，将画面的主体部分放在黄金分割点上，从而让主体更加突出。

另外，微距摄影作品还需要一定的景深效果，可以通过调整镜头光圈、焦距、拍摄距离来控制景深。

116. 花草如何拍摄

在春天去野外或公园露营时，总是可以看到各种漂亮的花花草草。拍摄花草易学难精通, 不过有一项重要的原则, 那就是要在构图上让花草主体更突出。

　　在对花草进行构图时, 一是要注意拍摄角度, 需要根据具体情况选择合适的俯视、仰视或平视视角。二是不同的画幅构图也可以带来不同的视觉感受, 可以得到新奇的画面效果。

　　可以使用"平视角度+横画幅"构图来拍摄花丛, 使欣赏者的视野得到延伸, 如图7-28所示。

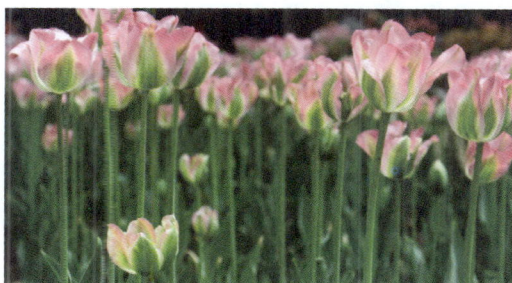

图7-28　"平视角度+横画幅"构图拍摄的花丛

　　在拍摄不同色彩的花草对象时, 颜色的明暗表现也有很大的差异。例如, 在拍摄浅色的花草时, 必须保证光线充足, 减少照片中的暗部区域, 使得景物的大部分色彩更加明亮, 给欣赏者带来清淡、优雅的视觉感受。

　　在拍照时, 可以利用花朵和周边景物的色彩形成对比构图, 丰富画面的色彩; 虚化的背景对主体色彩的突出也有很好的强调作用; 平视的拍摄角度同时让花蕊的特征表现得淋漓尽致, 如图7-29所示。

图7-29　具有色彩对比效果的花朵

　　在拍摄花草时, 最常月的手法就是微距摄影, 可以对花草主体进行特写构图, 即可获得主体突出的画面效果。将摄像头与植物保持水平, 突出植物的细节特色，同时虚化背景，获得更具美感的画面，如图7-30所示。

图7-30　微距摄影下的植物

117. 建筑如何拍摄

在露营途中，经常可以看到各种各样的建筑，如景区大门、标志性建筑、古建筑等，都是值得拍摄的景物。在拍摄建筑时，可以细心观察其外观，从中找出一些具有特色的线条、纹理等图案进行拍摄，尽量以简单为主，有时候也可以拍摄出意想不到的作品。

可以采用逆光拍摄来加强建筑的明暗层次，增强其立体感。除此之外，还可以从不同角度拍摄古建筑的一角，展现其细节特征，同时较为暗淡的影调也能够带来神秘的氛围，如图7-31所示。

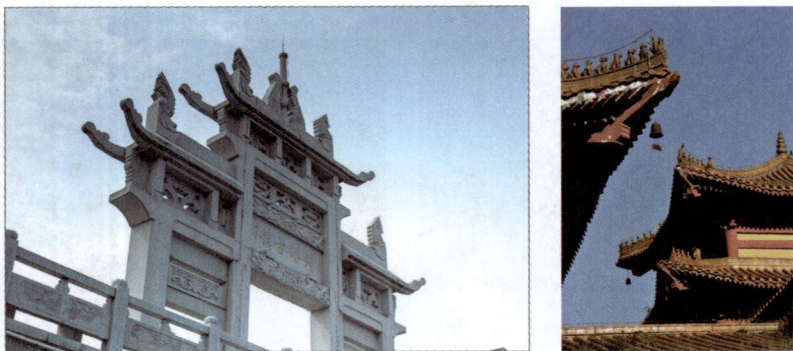

图7-31　古建筑的拍摄

118. 动物如何拍摄

动物大多具有灵活多动的特点,是露营时常见的拍摄题材之一。可以根据所处环境、时节等实际情况,结合基本的构图形式进行拍摄,以便获得满意的照片效果。

可以将动物作为画面主体,而将其他画面内容进行虚化处理,运用虚实对比的手法来突出主体。图7-32所示的画面主体为猴子,而背景部分则全部被虚化,从而增强了画面主体的表现力。

图7-32 猴子

拍摄动物也要讲究一定的构图方式,但相比植物来说更加灵活,因为动物会一直走动。如果你无法掌控动物的行踪,那么最好的办法是拉近镜头,为其拍摄大头照特写。

可以利用横画幅与特写相结合的构图形式拍摄动物,拉近镜头特写有利于表现动物可爱的一面,让画面更有趣味性。

在拍摄动物时,它们显然不会停下来摆好姿势等你按快门,因此应加快按快门的速度,否则动物走动会导致画面变虚,用高速快门进行取景构图可以捕捉动物的精彩瞬间。

例如,在抓拍鸟儿飞行的瞬间时,可以通过判断鸟儿的动作和运动方向来选择适当的构图形式,并且使用高速快门刻画出鸟儿飞翔时的优美姿态,而且鸟儿在画面中的占比很大,也避免了画面过于单调,如图7-33所示。

图7-33 使用高速快门抓拍鸟儿飞行的瞬间

不同的动物，拍摄的角度也不尽相同，但应尽量展现被摄主体的细节特征。例如，在拍摄小动物时，低机位就是比较容易拍摄的视角，可以蹲着或者趴在地上进行构图取景，这样可以拍摄出更有冲击力的作品，能够充分展现小动物的细节，画面效果也比较生动，如图7-34所示。

图7-34 小狗

另外，还可以使用急速连拍模式，只要按下相机的快门键不放，就能连续拍摄数张照片，之后挑选一张比较满意的即可。对于动物照片来说，需要注意背景颜色与动物毛发颜色的协调，最好有一定的对比，这样不但可以防止背景颜色抢了动物的主体地位，而且还可以通过色彩对比来让画面充满活力。

119. 人物如何拍摄

在露营时，除了风景，我们拍摄得最多的就是人物。跟风景照不同，人物照更注重对人物的刻画，不需要太多的远景，因此更要好好构思人物与周围环境的关系。下面介绍一些在露营时拍摄人像的方法。

1. 选择适当的景别

在拍摄人像作品前，首先要想好表达的主题，也就是选择适当的景别。例如，在准备拍摄人物局部时，可以使用近景的方式，如图7-35所示。

图7-35　通过近景的方式，非常细腻地体现了人物的表情

为了展现人物的整体面貌，可以通过全景拍摄的方式，运用曲线构图体现出女性身体线条的美感，同时也能加强主题的表达。各种景别的区别如下。

- 特写：人物胸部以上，主要表现面部或者其他局部特征。
- 近景：人物腰部以上，强调人物的相貌和表情。
- 中景：人物膝盖以上，可以兼顾展现人物的表情与身体造型。
- 全景：人物的整体面貌，用于表现人物的肢体语言。
- 远景：纳入大量的环境，用于表现人物所处的地点。

另外，还可以尝试从不同的角度去拍摄，如可以展现人物轮廓的正面、凸显人物线条的侧面、亲切自然的平视、瘦身瘦脸的俯视、拉高身材的仰视等。

2. 选择简洁的背景

在露营时拍摄人物，应选择一些颜色简洁的背景，而且背景中的其他景物不可太多，同时也可以对背景进行一定的虚化处理，突出主体，如图7-36所示。

图7-36　利用简洁的背景突出主体

3. 突出人物的构图

构图的主要目的是突出人物，人像摄影中使用最多的还是九宫格构图、三分法构图、斜线构图等。可以将人物的头部放在画面左上角的九宫格交叉点上，以便更好地突显人物，而且使人物与背景更加融合。除此之外，还可以将人物整体安排在一条斜线上，使人物主体形成的线条表现得最长，让人物身材显得更为高挑，这就是斜线构图在人像摄影中的作用。

4. 充分利用环境光

在拍摄人像时，应尽可能地将光源对准人物面部，以保证人物面部的细节特征完全呈现出来。例如，在森林里拍摄人像时，可以让人物尽量站在树木的旁边，以保证面部曝光的准确和清晰，如图7-37所示。

图7-37　充分利用环境光更好地呈现人物面部的细节特征

在夜晚拍摄人像时，主要考虑前景人物和背景的曝光正常，尽量少用闪光灯，寻找其他更亮的光源，如露营灯、篝火等，最好让人物处在光源的直射范围内。

5. 摆出优美的姿势

在拍摄人像时，如果要追求好的效果，就必须让模特儿摆出一些比较漂亮的姿势，如放松身体、望向远方、歪头眨眼等，这样就可以避免画面过于呆板，如图7-38所示。

图7-38　模特儿歪头眨眼的动作让整个画面看上去更灵巧、自然

120. 如何自拍

生活中有很多人喜欢自拍，可效果却不尽如人意，究其原因在于没有掌握一定的自拍技巧与姿势。

在露营地自拍时，可以使用三脚架、八爪鱼支架等设备来固定摄影设备，然后通过延时或蓝牙遥控器来按快门，这样不仅可以"解放"双手，还可以远离镜头，即使不看镜头也能轻松完成自拍。

1. 找到最美的自拍角度

女性在自拍时，总是希望将自己的脸拍得瘦一些、眼睛拍得大一些。其实，通过调整拍摄角度就可以轻松实现这样的效果。

人脸的拍摄角度一般包括正面、45°、侧面和背面，在自拍时应找出最佳的拍摄角度。正面虽然是比较常用的拍摄角度,但并不一定是最美的拍摄角度。有时候,侧面也许更有美感,如图7-39所示。

图7-39　拍摄人物的侧面,可以展现出比较自然的人物表情

公认的最佳自拍角度是45°俯视,不但可以显得脸瘦,而且眼睛看起来也会更大一些。

2. 选择受光较好的拍摄环境

即使摄像头的配置比较高,但在光线差的地方进行自拍,其效果也会差强人意。因此,在自拍时应该选择一个受光较好的拍摄环境,这样才能得到更好的画质,而且拍摄出来的人物皮肤也会显得更加白皙,如图7-40所示。

环境光线差,
人物肤色显黑

受光环境好,
人物肤色白皙

图7-40　不同受光环境下的自拍效果

3. 使用"美颜"模式拍摄

自拍自然少不了美颜, 可以使用美颜类App进行调整, 以便得到更好的拍摄效果, 如图7-41所示。

图7-41　使用美颜类App后的效果对比

4. 摆个可爱的自拍姿势

自拍时的人物表情最好不要过于呆板, 尤其对于女性来说, 可以选择一些搞怪或者卖萌的表情来展现自己的可爱, 也可以选择略显清纯的微笑或者开朗的大笑。通过一些夸张的表情, 并结合适当的手部动作, 不但可以使同一张面孔显得更加丰富多姿, 而且也会让画面看上去更加活泼、生动, 如图7-42所示。

图7-42　拍摄可爱的表情

121 夜景如何拍摄

露营地的夜晚没有光线, 在拍照时要善于利用各种灯光, 这是拍摄夜景照片的关键所在。

1. 繁华灿烂的城市灯光

夜晚的城市灯光是一道非常靓丽的风景线，可以站在山顶通过俯拍角度来拍摄城市夜景，闪亮的灯光呈现更绚丽的夜景，突出了城市的繁华夜色氛围，如图7-43所示。

图7-43　城市夜景

2. 夜晚的车流灯轨

在拍摄夜晚的车流时，可以通过加长相机的曝光时间，使得汽车上的灯光形成流动效果，让画面的动感更强烈，如图7-44所示。动静结合是夜景照片的一大特色，可以利用运动的车流灯轨和静止的建筑路灯等形成对比。

图7-44　夜晚的车流灯轨

3. 五彩缤纷的焰火

在夜晚拍摄焰火时要注意，千万不要站在逆风或者顺风的位置，逆风会让焰火燃放时产生的烟雾都飘向你，影响视线；顺风则很难拍摄出完整的焰火形状。焰火的燃放让夜空充满了浓郁的夜景气氛，如图7-45所示。

图7-45　五彩缤纷的焰火

122. 星空如何拍摄

在天气晴朗的夜晚，仰望满天的繁星，经常会被这样美丽的星空吸引，如图7-46所示。星空也是很多露营者喜欢拍摄的题材。

图7-46　星空

星空摄影也属于风光摄影的一种，是指天黑以后，用单反相机、手机及相关摄影设备来记录天空与地面的景象，记录月亮、星星、行星的运动轨迹，记录银河、彗星、流星雨在星空中的移动变化，图7-47所示为星轨。

图7-47 星轨

星空摄影与其他摄影题材最大的不同在于拍摄时间，星空摄影只能在夜晚拍摄，而且还要求天气晴朗，没有月光的干扰，夜深人静之时正是拍摄星空的最佳时间。所以，星空摄影也能很好地考验我们的身体素质，要能吃苦、能熬夜、能经受寒冷和等待。

拍摄星空照片的地方一定不能有大片的光源污染，因为照片需要进行长时间的曝光，如果有光源污染，则很可能会过曝，而且天空中的星星也不会那么明亮。

由于地球自转/公转的因素，拍摄星空最好的时节是每年的4～10月，在这段时间往往能拍摄到灿烂的银河。不过，一定要选择天气晴朗、通透的夜晚拍摄，光源污染越少越好，而且在野外拍摄时一定要注意安全。

在拍摄星空时，时间计划很重要，要避开日出与日落的时间，要等天完全暗下来，星星开始亮了，再开始拍摄。可以在日落之前踩好点，确定三脚架的位置和拍摄角度，计划好要拍摄的前景对象，取好景，等夜深了再去拍摄，比如晚上10点之后，夜空就已经很纯净了，星星也很亮了。如果要整夜地拍摄星星或银河，一定要在日出之前的一个半小时左右结束拍摄，否则画面会受到日出晨光的影响，图7-48所示为银河。

图7-48　银河

123. 晴天如何拍摄

露营时如果是晴天，户外光线充足、色彩鲜艳，是最容易拍摄的环境，同时也是弹性最大的拍摄天气。因此，应尽量选择在多云的、日照充足的天气进行拍摄。在晴天拍摄大范围的风光照片，可以选择顺光的光线形式，这样可以避免在画面中出现难看的阴影。

清晨时分，太阳即将升起，拍摄者采用逆光的方向仰拍天空，可以表现出强烈的立体感和丰富的画面影调层次，如图7-49所示。

图7-49　逆光仰拍天空

124. 阴天如何拍摄

露营时如果是阴天，则户外的日光较薄弱，且云层非常厚，一般可以将太阳光完全遮挡住，光线以散射光为主，较为柔和、浓郁。在阴天环境下，画面的色彩会显得比较灰暗，如图7-50所示。因此，在拍摄时应适当增加一档左右的曝光补偿。

图7-50　阴天拍摄示例

125. 雨天如何拍摄

露营时如果是雨天，地面的景物由于得不到阳光的直射，亮度会比较低，而天空的亮度会比较高，造成天地之间的光比非常大。因此，应尽量将地面的景物作为最近的拍摄对象。雨天适合拍摄一些地面的小景或者微距题材的照片，如图7-51所示。

图7-51　水珠特写

126. 雪天如何拍摄

露营时如果是雪天，那么周围会是一片纯白和苍茫，很容易拍出简洁的画面效果。为避免出现画面发灰的现象，应增加曝光补偿，适当提高画面的亮度。

如果你觉得只拍雪景太过单调，也可以增添一些跳跃的色彩，如建筑物、小物件等，也可以是人物或者动植物，利用颜色冲突形成对比，形成有意思的画面效果，如图7-52所示。

图7-52　雪中的树木和车道

雪天的色温通常比较高，拍摄出来的照片会偏冷色调。因此，在展现冬季的寒冷天气时，可以运用这种蓝色的冷色调。

MY LIFE

CHALLENGE COUNTLESS UNKNOWN

STYLE

| 第 8 章 |

拍短视频：拥有爆赞朋友圈

短视频想要获得好的观赏效果，就需要利用各种镜头和技巧去拍摄，以保证视频画面的清晰度和美观度。本章主要介绍在露营过程中拍摄短视频的相关技巧，帮助读者掌握短视频的拍摄方法，轻松拍出高清大片。

127. 短视频的拍摄器材

相比专业的单反相机或者摄像机来说，智能手机的拍摄效果还有很大的提升空间，通过加装各种手机摄影附件就是一种不错的提升方法。本节主要介绍短视频的拍摄设备和辅助设备，这些设备可以帮助我们在露营时拍出精彩的短视频大片。

1. 智能手机

对于那些对短视频品质要求不高的人来说，普通的智能手机即可满足他们的露营短视频拍摄需求，这也是目前大部分人常用的拍摄设备。

在选择拍短视频的手机时，主要关注手机的视频分辨率规格、视频拍摄帧速率、防抖性能、对焦能力、电池容量及存储空间等因素，尽量选择一款拍摄画质稳定、流畅，并且可以方便地进行后期创作的智能手机。

例如，HUAWEI Mate Xs 2采用高通骁龙888 4G芯片，并搭载徕卡四摄系统，前置1070万像素超广角自拍镜头，后置5000万像素主镜头+1300万像素超广角+800万像素3倍光学变焦镜头，支持OIS（Operator Interface Stations，人机界面）光学防抖等功能。前置最高支持4K（3840×2160）视频录制和1080P@240fps慢动作视频录制，后置最高支持4K（3840×2160）视频录制和1080P@960fps慢动作视频录制，能够帮助用户捕捉更加细微的颜色差异，画质高清细腻，如图8-1所示。

图8-1　HUAWEI Mate Xs 2智能手机的摄像功能

2. 单反相机

对于单反相机来说，价格跨度比较大，从几千元的到几万元的都有，通常价格越高整体性能也会越好，但具体选择哪一款还需要根据自己的预算来决定。

这里建议读者，如果预算足够，全画幅单反相机是拍摄短视频的最佳选择。在同样的焦距下拍摄短视频时，全画幅要比残幅更能充分发挥镜头的优势。全画幅又称135画幅，图像感应器（传感器，就是感光器件的面积大小）的面积为24mm×36mm，成像面积与传统的35mm胶卷的成像面积类似，如佳能6D和尼康D850等，如图8-2所示。

图8-2　佳能6D和尼康D850单反相机

同时，对于单反相机来说，镜头是一个相当重要的设备，它可以说是单反相机的"眼睛"。单反相机相比于手机拍摄短视频的最大优势在于，它能够更换各种镜头，从而更好地控制画面的景别和虚实等。

在选择单反相机时还要综合考虑视频格式、视频码流、感光元件、镜头光学素质、存储和续航等因素，找到一款适合自己使用的高性价比相机。

3. 运动相机

对于短视频爱好者来说，运动相机如今已经成为拍摄短视频的"标配"，非常适合拍摄户外旅行和娱乐生活等类型的短视频。在选择运动相机时，可以参考它的配置、功能、价格等维度来选购。

在配置方面，首先看视频分辨率及帧数，如720P、1080P、4K等，需要提供多种视频拍摄组合；其次看电池续航和充电，如大容量电池和快充功能是必备的，能够帮助用户实现长时间拍摄；最后看是否拥有丰富的额外配件，如手持稳定器、三脚架、移动电源等，能够起到防抖作用和提升续航能力。

在功能方面，运动相机通常需要具备多视频拍摄模式、防抖（电子防抖或光学防抖）、防水、防尘、防撞、降噪等功能。例如，GoPro HERO9 Black 5K运动相机不仅拥有丰富的配件，而且还拥有增强防抖3.0系统、10米防水、23.6MP传感器和"5K超高清+2000万像素"的拍摄功能，能够拍出非常清晰的画质效果，如图8-3所示。

图8-3　GoPro HERO9 Black 5K运动相机

专家提醒

　　如果拍摄者需要将运动相机挂在衣服、头盔或者摩托车的车把上，还需要注意机身的重量，尽量选择一款较为轻便的运动相机。尤其是在拍摄滑雪、跳伞、滑板、登山、冲浪、骑行等极限运动时，还需要考虑运动相机是否支持多样化的安装方式，从而获得更大的取景视角。

4. 无人机

随着航拍摄影越来越普及，无人机的品牌类型也慢慢地多了起来，比如大疆无人机、小米无人机、哈博森无人机、司马无人机、科卫泰无人机等，需求不同，无人机的价格也不同，质量也有所差异，如图8-4所示。

图8-4　目前比较热门的无人机类型

随着技术的进步，无人机的功能越来越强大，机身越来越便携、小巧，成像质量也越来越高。无人机的具体拍法会在第9章中进行介绍，这里不再赘述。

5. 辅助设备

拍摄短视频常用的辅助设备有手持稳定器、各种手机支架和内存卡。手持稳定器是用于稳固拍摄器材，给手机或相机等拍摄器材作支撑的辅助设备。所谓稳固拍摄器材，是指将手机或相机固定，使其处于一种十分平稳的状态。

手持稳定器的主要功能就是稳定拍摄设备，防止设备抖动造成画面模糊，适合拍摄户外风景或人物动作类短视频。手持稳定器能根据用户的运动方向或拍摄角度来调整镜头的方向，无论用户在拍摄期间如何运动，都能够保证视频拍摄的稳定。

手机支架包括三脚架和八爪鱼支架等，主要用来在拍摄短视频时更好地稳固手机，为创作清晰的短视频作品提供一个稳定的平台。

由于三脚架主要起到稳定拍摄器材的作用，所以它需要足够结实。但是，由于三脚架经常需要被携带，所以它又需要具有轻便和易携带的特点。三脚架的优点一是稳定，二是能伸缩。但是，三脚架摆放时需要相对比较平稳的地面，而八爪鱼支架刚好能弥补三脚架的这一缺点，有着更灵活的短视频取景角度。

高清视频所占的内存容量通常比较大，建议经常拍摄短视频的用户要多备几张大容量的内存卡。另外，也可以购买一个OTG（On-The-Go，活动式）转接头，这样手机就能跟电脑一样插各种U盘和内存卡了。

128. 短视频的取景方式

在拍摄短视频时，经常会用到一些镜头取景方式，即镜头景别，具体指镜头与被摄对象之间的距离。本节主要从精彩的短视频案例入手，让大家能够更加全面、直观地感受到不同景别拍摄的短视频魅力，同时帮助大家积累必备的短视频拍摄基础知识。

1. 远景镜头

远景镜头的景别视角非常大，适合拍摄城市、山川、河流、沙漠、大海等户外类短视频题材，是露营时拍摄风景类短视频常用的景别类型。

这种镜头景别尤其适用于片头部分，通常使用大广角镜头来拍摄，能够将主体所处的环境完全展现出来，如图8-5所示。在拍摄露营短视频的时候，就可以使用远景镜头拍摄露营地的全景图。

图8-5　使用远景镜头拍摄的视频示例

远景镜头通常用于拍摄高度和宽度都比较充足的室内或户外场景，可以更加清晰地展现主体的外貌形象和部分细节，以及更好地表现视频拍摄的时间和地点。

2. 全景镜头

全景镜头的主要功能是展现人物或其他主体的"全身面貌"，视频画面的视角非常广。全景镜头的拍摄距离比较近，能将人物的整个身体完全拍摄出来，包括性别、服装、表情、手部和脚部的肢体动作，如图8-6所示。

图8-6　使用全景镜头拍摄的视频示例

3. 中景镜头

很多电影画面都会用到中景镜头景别，它是指镜头在向前推动的过程中，逐渐放大主体（如人物）时首先裁掉主体一部分的景别，适用于室内或户外的拍摄场景。在露营时就可以采用中景镜头景别来拍摄人物。

中景镜头景别能更好地突出人物主体的形象，清晰地刻画人物的服饰造型等细节特点。图8-7所示为使用中景镜头拍摄的视频示例，与图8-6最明显的区别就是人物的腿部被裁掉了一部分。

图8-7　使用中景镜头拍摄的视频示例

中景镜头景别通常为从人物的膝盖部分向上至头顶，可以充分展现人物的面部表情、发型发色、身体姿势、妆容饰品和视线方向，还可以兼顾人物的手部动作。

　　中景镜头相比于全景镜头，虽然没有周围环境的细节描写，但是更容易表达出人物的肢体语言，更适合刻画人物。

4. 近景镜头

　　近景镜头景别主要是将镜头下方的取景边界线卡在人物的胸部位置上，重点用来刻画人物的面部特征，如表情、妆容、发型、发饰、视线和嘴部动作等，而对于人物的肢体动作和所处环境的交代则基本可以忽略。还可以使用近景镜头来表达物体的细节特征，丰富场景内容，表现物体富有意义的局部。

　　图8-8所示为使用近景镜头拍摄的视频示例。视频中的人物头戴花箍，头发半披，看起来非常温婉，再加上嘴角和眼睛的笑意，可以看出她非常开心。

图8-8　使用近景镜头拍摄的视频示例

5. 特写镜头

　　特写镜头景别着重刻画人物的整个头部画面，包括下巴、眼睛、头发、嘴巴、鼻子等细节之处。在拍摄露营短视频时，可以对特定氛围下某一人物的面部表情进行特写,如果是抓拍就更好了,因为大多数人在面对镜头时表情会显得僵硬,抓拍更能将当时的人物氛围表达出来,从眼神中流露出来的情感就是最好的渲染剂。

特写镜头景别能更好地展现人物面部的情绪,包括表情和神态等细微动作,如低头微笑、仰天痛哭、眉头微皱、惊愕诧异等,从而渲染出短视频的情感氛围,如图8-9所示。

图8-9 使用特写镜头拍摄的视频示例

特写镜头景别还有两种比较特殊的用法,那就是大特写镜头和极特写镜头。大特写镜头景别主要针对人物的面部来进行取景拍摄,能够清晰地展现人物面部的细节特征和情绪变化。很多热门Vlog(Video Blog或Video Log,视频记录、视频博客、视频网络日志)类短视频都是以剧情创作为主的,而大特写镜头就是一种推动剧情更好地发展的镜头语言,甚至都不需要说话就可以感受到镜头下人物的喜怒哀乐。

极特写镜头是一种纯细节的景别形式,也就是说,在拍摄时将镜头只对准人物的眼睛、嘴巴或者手部等某个局部,进行细节的刻画和描述。

129. 短视频的运镜技巧

在拍摄露营短视频时,尤其需要在镜头的运动方式上下功夫,掌握一些"短视频大神"常用的运镜手法，能够帮助我们更好地突出视频中的主体和主题，让观众的视线集中在想要表达的对象上，让人对露营有向往之感。

1. 固定镜头

短视频的拍摄镜头包括两种常用类型，分别为固定镜头和运动镜头。固定镜头是指在拍摄短视频时，镜头的机位、光轴和焦距等都保持固定不变，适合拍摄画面中有运动变化的对象，如车水马龙和日出日落等画面。

图8-10所示为使用固定镜头拍摄的日落延时视频，能够将日落的整个过程和云卷云舒的画面完整地记录下来。

图8-10　使用固定镜头拍摄的日落延时视频

2. 运动镜头

运动镜头是指在拍摄的同时会不断地调整镜头的位置或角度，也可以称之为移动镜头。因此，在拍摄形式上，运动镜头要比固定镜头更加多样化。在拍摄露营短视频时，可以熟练使用不同的运镜方式，更好地突出画面细节和表达主题内容，从而吸引更多人关注作品。下面介绍几种常见的运动镜头拍摄技巧。

1）推拉运镜

推拉运镜是短视频中常见的运镜方式之一，通俗来讲就是一种"放大画面"或"缩小画面"的表现形式，可以用来强调拍摄场景的整体或局部及彼此的关系，常用于视频结尾。

"推"镜头是指将镜头从较大的景别推向较小的景别，如从远景推至近景，从而突出要表达的细节。图8-11所示为使用"推"镜头的运镜方式，将镜头机位向前推动，画面外框逐渐缩小，主体景物逐渐放大，使观众的视线从整体集中到某一局部。

图8-11　使用"推"镜头拍摄的视频示例

　　"拉"镜头的运镜方式与"推"镜头的运镜方式正好相反，先用特写或近景等景别将镜头靠近主体拍摄，再向远处逐渐拉出，拍摄远景画面。"拉"镜头的适用场景和主要作用如下。

　　（1）适用场景：剧情类短视频的结尾，以及强调主体所处的环境。

　　（2）主要作用：可以更好地渲染短视频的画面气氛。

　2）跟随运镜

　　跟随运镜是指在拍摄时始终跟随人物前进，让主角一直处于镜头中，从而产生强烈的空间穿越感。跟随运镜适用于拍摄采访类、纪录片、宠物类等短视频题材，能够很好地强调视频主题。

　　在使用跟随运镜拍摄短视频时，需要注意以下事项：镜头与人物之间的距离始终保持一致；重点拍摄人物的面部表情或肢体动作的变化；跟随的路径可以是直线，也可以是曲线。

　　可以在人物主体后面采用跟随运镜方式拍摄短视频，镜头与人物基本保持等距，并同时向前方移动，能够产生第一人称的画面即视感。

　3）升降运镜

　　升降运镜是指镜头的机位朝上、下方向运动，从不同方向的视点来拍摄要表达的场景。升降运镜适用于拍摄气势宏伟的建筑物、高大的树木、雄伟壮观的高山及展示人物的局部细节。

　　在使用升降运镜拍摄短视频时，需要注意以下事项：

　　（1）拍摄时可以切换不同的角度和方位来移动镜头，如上下垂直移动、上下弧线移动、上下斜向移动及不规则的升降方向。

　　（2）在画面中可以纳入一些前景元素，从而体现出空间的纵深感，让观众感觉主体形象更加高大。

130. 短视频脚本创作

　　在很多人眼中，短视频似乎比电影还好看，很多短视频不仅画面和BGM

（Background Music，背景音乐）劲爆、转折巧妙，而且剧情不拖泥带水，能够让人"流连忘返"。

这些精彩的短视频背后，都是靠短视频脚本来承载的，脚本是整个短视频内容的大纲，对于剧情的发展与走向有决定性的作用。因此，对于喜欢在抖音、快手、西瓜视频等平台上分享短视频的达人博主来说，在创作露营短视频前，需要完成短视频脚本的策划，让其内容更加优质，这样才有更多机会上热门。

1. 短视频脚本是什么

脚本是拍摄短视频的主要依据，能够提前统筹安排短视频拍摄过程中的所有事项，如什么时候拍、用什么设备拍、拍什么背景、拍谁及怎么拍等。简单的短视频脚本模板见表8-1。

表8-1　简单的短视频脚本模板

镜号	景别	运镜	画面	设备	备注
1	远景	摇镜头	在山顶俯拍整个营地的风光	广角镜头	作为片头
2	全景	跟随运镜	拍摄营地的周围环境	手持稳定器	全景缩放
3	近景	跟随运镜	从车上取下露营装备	手持稳定器	近景
4	特写	固定镜头	拍摄帐篷的搭建步骤	三脚架	近景
5	中景	跟随运镜	拍摄人物活动的画面	手持稳定器	近景
6	全景	跟随运镜	拍摄人物围坐在一起聊天的场景	手持稳定器	全景缩放
7	近景	固定镜头	拍摄大家聚餐的场景	三脚架	后期背景虚化
8	远景	跟随运镜	跟随人物目光的方向拍摄远方	广角镜头	欢快的背景音乐

在创作一部短视频的过程中，所有参与前期拍摄和后期剪辑的人员都需要遵从脚本的安排，包括摄影师、演员、道具师、化妆师、剪辑师等。如果一部短视频没有脚本，则很容易出现各种问题，如拍摄中途发现场景不合适，或者道具没准备好，或者缺少演员，出现这些问题后又需要花费大量的时间和资金去重新安排，不仅会浪费时间、金钱和精力，而且也很难创作出想要的露营短视频效果。

2. 短视频脚本有什么用

短视频脚本主要用于指导所有参与短视频创作的工作人员的行为和动作，从而提高工作效率，并保证短视频的质量。在短视频脚本中，需要认真设计每个镜头。下面主要通过六个基本要素来介绍短视频脚本的策划。

（1）景别：指在拍摄短视频的分镜头时选择的镜头景别，如远景、全景、中景、近景、特写等。可以交替使用各种不同的景别，增强短视频的艺术感染力。

（2）内容：指想要通过短视频表达的主题。可以将内容拆分成一个个小片段，放到不同的镜头里面，通过不同的场景将其呈现出来。

（3）台词：指短视频中人物所说的话语，具有传递信息、刻画人物和表达主题的功能。短视频的台词设计应以简洁为主，否则观众听起来会觉得很累、很难理解。

（4）时长：要提前预估每个镜头的时间长度，同时标注剧情的转折或反转时间，方便后期快速剪辑出重点内容，从而提升剪辑效率。

（5）运镜：在实际拍摄时可以组合运用多种运镜方式，让镜头看上去更加丰富、酷炫，画面更有动感。

（6）道具：道具是作为辅助物品使用的，要能够做到画龙点睛，切不可画蛇添足，让道具抢了主体的风头。

131. 写出吸睛短视频标题文案

在创作露营短视频内容之前，首先应该明确其主题内容，并以此拟定标题文案，从而使得标题与内容能够紧密相连。本节将从爆款标题文案的特点出发，重点介绍五大优化技巧，帮助大家更好地打造爆款露营短视频标题。

（1）控制字数，浓缩的就是精华。在创作短视频的标题文案时，在重点内容和关键词的选择上要有所取舍，把主要内容呈现出来即可，如图8-12所示。标题本身就是短视频内容的精华提炼，字数过多会显得不够精练，同时也容易让观众丧失观看短视频内容的兴趣，因此要适当控制标题字数。

图8-12　短视频的标题文案示例

（2）通俗易懂，符合观众口味。短视频文案的受众比较广泛，因此在语言上要求尽可能形象化和通俗化。可以重点从三个方面着手：首先，在标题中要长话短说，不要拖泥带水；其次，少用华丽的辞藻，要能够突出重点信息；最后，可以多添加生活化的元素，引起观众的共鸣。

（3）形式新颖，拒绝千篇一律。在短视频文案的创作中，不能拘泥于几种常见的标题形式，需要撰写具有实用性且能吸引观众关注的标题。例如，在短视频标题文案中使用问句，能在很大程度上激发观众的兴趣和参与度。另外，短视频标题文案中的元素越详细越好，越是详细的信息，对于那些需求紧迫的观众来说就越具有吸引力。

（4）清楚直接，重点一目了然。短视频标题一旦字数太多，结构过于复杂，词句生涩难懂（专业性文章除外），观众可能就会失去观看短视频的兴趣。

（5）满足需求，体现实用性。例如，与露营有关的短视频账号都会在短视频内容中介绍一些露营的小技巧，并在标题文案中将其展示出来，观众看到这样的文案之后，就会点击查看标题所介绍的有关露营的详细方法。像这类具有实用性的短视频标题，在撰写时就对短视频内容的实用性和针对对象进行了说明，为那些需要相关知识的观众提供了实用性的解决方案。

132. 拍出稳定、清晰的画面

我们携带的拍摄器材是否稳定, 在很大程度上决定了露营短视频画面的清晰度。在大多数情况下, 在拍摄短视频时, 一般都是用手持的方式来保持拍摄器材的稳定的, 即用双手握住手机或者相机, 从而保持稳定, 获得清晰的画面效果。另外, 可以将手肘放在一个稳定的平台上, 以减轻手部的压力, 或者使用三脚架、八爪鱼支架及手持稳定器等设备来固定拍摄器材, 并配合无线快门来拍摄短视频。

133. 用好手机自带的视频拍摄功能

为了减轻露营时的负担, 会考虑携带轻便的拍摄器材, 如手机。随着手机功能的不断升级, 几乎所有的智能手机都具有视频拍摄功能, 但不同品牌或型号的手机, 其视频拍摄功能也会有所差别。

打开手机自带的相机功能后, 先切换至视频拍摄界面, 如果是在弱光条件下拍摄, 则可以设置闪光灯, 给视频画面进行适当补光。然后打开九宫格辅助线, 以便更好地进行构图取景。

134. 设置分辨率和帧率

在拍摄露营短视频之前, 需要选择正确的视频分辨率和帧率。以手机为例, 通常建议将分辨率设置为1080P(FHD)、18∶9(FHD+)、4K(UHD)或者8K(超高清视频技术)等。

(1)1080P又可以称为FHD, (Full High Definition, FULL HD), 即全高清模式, 一般能达到1920像素×1080像素的分辨率。

（2）18:9（FHD＋）是一种略高于2K的分辨率，也就是加强版的1080P。

（3）UHD（Ultra High Definition）是一种超高清模式，即通常所指的4K，其分辨率4倍于全高清（FHD）模式，具有4096像素×2160像素分辨率的超精细画面。

（4）8K能达到7680像素×4320像素的分辨率，是目前电视视频技术的最高水平。

135. 确保画面对焦清晰

对焦是指通过相机内部的对焦机构来调整物距和相距的位置，从而使被摄对象清晰成像的过程。在拍摄露营短视频时，对焦是一项非常重要的操作，是影响画面清晰度的关键因素。尤其是在拍摄运动状态的主体时，对焦不正确，画面就会模糊。图8-13所示为正确对焦的拍摄效果，画面非常清晰。

图8-13　正确对焦拍摄示例

要想实现精准对焦，首先要确保镜头的洁净。镜头通常是裸露在外面的，一旦沾染灰尘或污垢等杂物，就会对视野造成遮挡，同时还会降低进光量，从而导致无法精准对焦，拍摄的视频画面也会变得模糊不清。

136. 用好变焦功能拍摄远处的景物

变焦是指在拍摄视频时将画面拉近，从而拍到远处的景物。如果想要在露营基地拍摄远处的高山或者建筑物，就可以通过变焦功能拉近画面，还可以减少画面的透视畸变，获得更强的空间压缩感。不过，变焦也有弊端，那就是会损失画质，影响画面的清晰度。

如果用户使用的是旧款手机，则在视频拍摄界面中可能没有变焦功能按钮，此时也可以通过双指来缩放屏幕进行变焦调整。

137. 设置合适的曝光参数

曝光并没有正确和错误的说法，只有合不合适。也就是说，在拍摄露营短视频时，一定要准确把握曝光量。在实际拍摄过程中，可以根据当时的环境光线来设置曝光参数，使视频画面得到正确的曝光效果。

例如，如果画面采用高调处理时比较美观，则可以适当增加曝光量，让画面看上去有些过曝，呈现明快色调，如图8-14所示；如果想要呈现暗淡的画面效果，则可以恰当减少曝光量，让画面看上去有些欠曝，使整体影调效果更加灰暗。

图 8-14　高曝光效果拍摄示例

138. 慢动作短视频的拍摄

　　慢动作短视频的拍摄方法与普通短视频的拍摄方法一致，但播放速度会被放慢，呈现出一种时间停止的画面效果。如果在露营地看到了飞鸟，就可以使用"慢动作"模式来进行拍摄。

　　除了在前期直接拍摄"慢动作"短视频效果，还可以在后期使用剪映等App对短视频的播放速度进行调整，制作出"慢动作"短视频效果。

139. 多种视频拍摄模式

　　很多手机除了拥有普通的视频拍摄功能，还拥有一些特殊的拍摄模式。如华为手机拥有"动态照片""趣AR（Augmented Reality，增强现实）""延时摄影""双景录像""水下相机"等功能，可以帮助用户在不同的露营地拍摄出不一样的短视频效果。

　　例如，"动态照片"模式可以让拍摄的照片动起来，能够将照片保存为连续动态的片段，同时可以像视频一样进行动画的回放操作。在"更多"界面中选择"动态照片"模式即可进入其拍摄界面。需要注意的是，"动态照片"模式保存的效果为普通的图片格式（扩展名为.jpg），其所占内存大小通常也比视频文件所占内存大小要稍小一些。

140. 拍摄距离

　　顾名思义，拍摄距离是指镜头与被摄对象之间的距离。在露营时拍摄远处的风景就需要把握好距离，在镜头像素固定的情况下，能够有效改变视频画面的清晰度。

一般来说，距离镜头越远视频画面越模糊，距离镜头越近视频画面越清晰。当然，这个"近"也是有限度的，过分的近距离也会使视频画面因为失焦而变得模糊。通常有两种方法来控制镜头与被摄对象之间的距离。

（1）依靠手机或相机自带的变焦功能，将远处的被摄对象拉近。这种方法主要适用于被摄对象较远，无法短时间到达，或者被摄对象处于难以到达的地方等情形。其好处就是免去了拍摄者因距离远近而跑来跑去的麻烦，只需要站在同一个地方就可以拍摄到远处的景物。

（2）对于短时间能够到达或者容易到达的地方，可以通过移动机位来达到缩短拍摄距离的效果。

141. 场景转换

场景转换看上去很容易，只是简单地将镜头从一个地方切换到另一个地方，然而，如果在露营短视频中的场景转换十分生硬，就会使短视频的整体质量大大降低。短视频拍摄中的场景转换可分为两种类型。

一种类型是在同一个镜头中一段场景与另一段场景之间的转换，这种场景效果的转换需要自然、得体，符合视频内容或故事走向。另一种类型是一个片段与另一个片段之间的转换，用专业术语来说就是转场，这种场景效果的转换就需要用到手机视频后期处理软件来实现。

具有转场功能的手机视频后期处理软件非常多，在下载完相关App后，导入两段及两段以上的视频，进入"转场"界面，就可以为视频设置转场效果。

142. 均匀呼吸避免画面抖动

呼吸能引起胸腔的起伏，在一定程度上能带动上肢，也就是双手的运动，所以，呼吸可能会影响视频拍摄的画质。一般来说，当呼吸较急促时，双手的运动幅度也会增加。所以,当我们刚到达露营基地,整理完东西之后可以先休息一下,平复呼吸,再去拍摄短视频。

要想保持平稳与均匀的呼吸,在拍摄之前切记不要做剧烈运动,或者等呼吸平稳了再开始拍摄。此外,在拍摄过程中,也要做到"小、慢、轻、匀",即"呼吸声要小,身体动作要慢,呼吸要轻、要均匀"。

143. 拍出背景虚化的效果

在使用手机拍摄视频时,想要拍出背景虚化的效果,就要让焦距尽可能地放大,但焦距太大也会导致视频画面变模糊。因此,背景虚化的关键在于拍摄距离、对焦和背景选择。例如,在1倍焦距下拍摄的花朵视频,花朵主体是清晰的,背景是模糊的,如图8-15所示。

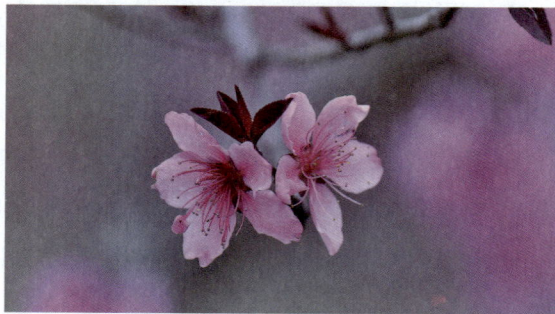

图8-15　在1倍焦距下拍摄的花朵视频

144. 使用ND滤镜拍摄

在拍摄露营短视频的时候,拍摄现场的光线通常非常明亮,在使用普通镜头时无法用大光圈进行拍摄,否则画面很容易过曝,拍出来的短视频会变成全白的画面,因此,需要使用一些特殊设备来将光线压暗。

此时，ND滤镜（Neutral Density Filter，又称减光镜或中性灰度镜）就是一个必不可缺的设备。在手机镜头前安装ND滤镜后，可以根据拍摄现场的光线条件来调整明暗度，从而防止画面过曝。通过ND滤镜将光线压暗后，可以营造出更加柔和的视频画面效果。

145. 运用升格镜头拍摄

如果在拍摄露营短视频时手稍微抖动，或者稳定器没有达到预期效果，则可以通过升格镜头的方式，尽量使用一些高的帧率进行拍摄，从而让画面更加稳定，而且还会呈现出一种高级感。

在通常情况下，视频拍摄的标准帧率为每秒24帧，升格则是指采用高帧率的方式，如每秒60帧或更高，拍摄出流畅的慢动作效果。也就是说，在通常情况下1秒只能拍摄24张照片，而升格镜头则可以1秒拍摄60张照片或者更多，并且通过放慢速度让观众看到更加精彩的画面效果。

146. 构图画幅的选择

画幅是影响短视频构图取景的关键因素，因此，在构图前要先决定短视频的画幅。可以根据具体的场景来决定画幅，如在拍摄露营地周围的环境时，最好选择横画幅，以便最大限度地展现美景。

画幅是指短视频的取景画框样式，通常包括横画幅、竖画幅和方画幅三种，也可以称为横构图、竖构图和正方形构图。

1. 横构图

横构图就是将拍摄设备水平持握拍摄，然后通过取景器横向取景。使用相机拍摄景物，不需要改变它的方向就能拍出横构图。而且因为人眼的水平视角比垂直视角要更大一些，所以，横画幅在大多数情况下会带给观众一种自然、舒适的视觉感受。横构图不仅能容纳周围的大多数景色，而且还可以让视频画面的还原度更高，如图8-16所示。

图8-16　横构图示例

2. 竖构图

竖构图就是将拍摄设备垂直持握拍摄，拍出来的视频画面拥有更强的立体感，比较适合拍摄具有高大、前后对比等特点的短视频题材。在拍摄抖音和快手等平台上的短视频时，默认采用竖构图，画幅比例为9:16。

3. 正方形构图

正方形构图的画幅比例为1:1。要拍出正方形构图的短视频画面，通常要借助一些专业的短视频拍摄软件，如美颜相机、轻颜相机、无他相机等App。

147. 使用前景构图

前景，最简单的解释就是位于被摄对象与镜头之间的事物。前景构图是指利用恰当的前景元素来构图取景，能使视频画面具有更强烈的纵深感和层次感，同时也能极大地丰富视频画面的内容，使视频更鲜活饱满。因此，在拍摄露营短视频时，可以将身边能够充当前景的事物纳入视频中来，如周围的花丛、树木等。

　　前景构图有两种操作思路。一种是将前景作为陪体，将主体放在中景或背景位置，用前景来引导视线，使观众的视线聚焦到主体上。另一种则是直接将前景作为主体，通过背景环境来烘托主体。图8-17所示为使用前景构图拍摄的人物短视频，不仅丰富了画面的内容，烘托了画面的气氛，而且还提升了视频的整体质感。

图8-17　使用前景构图拍摄的人物短视频

　　在构图时，给视频画面增加前景元素，主要是为了让画面更有美感。那么，哪些前景值得我们选择呢？在拍摄短视频时，可以作为前景的元素有很多，如花草、树木、水中的倒影、道路、栏杆及各种装饰道具等。不同的前景有不同的作用，如突出主体、引导视线、增添气氛、交代环境、形成虚实对比、形成框架、丰富画面等。

专家提醒

　　在一般情况下，任何一部短视频作品，不管精彩与否，其画面上都有一个突出的主体对象。为了使所拍摄的画面拥有完美的视觉效果，拍摄者都会想尽办法来突出主体。因此，突出主体是短视频构图的一个基本要求。

148. 抓人眼球的中心构图

中心构图又称中央构图，简而言之，就是将短视频主体置于画面正中间进行取景。中心构图最大的优点在于主体非常突出、明确，而且画面可以达到上下左右平衡的效果，更容易抓人眼球。

除了拍摄露营环境，在拍摄人像视频时，也可以使用中心构图。拍摄中心构图的视频非常简单，只需要将主体放置在视频画面的中心位置即可，而且不受横、竖构图的限制。拍出中心构图效果的相关技巧如下。

（1）选择简洁的背景。在使用中心构图时，尽量选择背景简洁的场景，或者主体与背景的反差比较大的场景，这样能够更好地突出主体，如图8-18所示。

图8-18　选择简洁的背景

（2）制造趣味中心点。中心构图的主要缺点在于效果比较呆板，因此，在拍摄时可以运用光影角度、虚实对比、人物肢体动作、线条韵律及黑白处理等方法来制造一个趣味中心点，让视频画面更加抓人眼球。

149. 简单易用的三分线构图

三分线构图是指将画面从横向或纵向分为三部分，在拍摄视频时，将被摄对象或焦点放在三分线的某个位置上进行构图取景，让被摄对象更加突出，画面更加美观。

三分线构图的拍摄方法十分简单，只需要将被摄对象放置在拍摄画面的横向或者竖向1/3处即可，如图8-19所示。

图8-19　上三分线构图拍摄的视频示例

九宫格构图又叫井字形构图，是三分线构图的综合运用形式，是指用横、竖各两条直线将画面等分为九个空间，不仅可以让画面更加符合人眼的视觉习惯，而且还能突出主体、均衡画面。

在使用九宫格构图时，不仅可以将主体放在四个交叉点上，也可以将其放在九个空间格内，可以使主体非常自然地成为画面的视觉中心。在拍摄露营短视频时，可以将手机上的九宫格构图辅助线打开，以便更好地对画面中的主体元素进行定位或保持线条的水平。这种构图方法在拍摄人物照片时效果更为突出。

专家提醒

要学好构图，需要注意两点：一是观察被摄对象的数量，挖掘其特色和亮点；二是多掌握构图技法，在拍摄时找到最匹配对象的构图技法。

150. 引导线构图更有冲击力

引导线可以是直线（水平线或垂直线），也可以是斜线、对角线或者曲线，通过这些线条来"引导"观众的视线，引起他们的兴趣。

露营基地周围的引导线有道路、建筑物、桥梁、山脉、强烈的光影及地平线等。在很多短视频的拍摄场景中，都会包含各种形式的线条，要善于找到这些线条，使用它们来增强视频画面的冲击力。

例如，斜线构图主要利用画面中的斜线来引导观众的视线，同时能展现物体的运动、变化及透视规律，让视频画面更有活力和节奏感。图8-20所示为利用倾斜的山坡线来进行构图取景，赋予画面动感、活泼的视觉效果。

图8-20　斜线构图拍摄的视频示例

151. 短视频的后期剪辑

市面上有很多功能齐全的视频剪辑软件，能够让用户在手机上轻松完成短视频的剪辑工作。而且使用手机剪辑视频也非常方便，在拍完视频赶回露营基地的路上，就可以先构思一下短视频应该怎么剪辑、添加哪些效果，等到达露营基地后，随便找一个空闲的时间就可以开始进行剪辑。

绝大多数视频剪辑软件中都有一些常用的视频剪辑功能，如裁剪视频尺寸、分割视频素材、替换视频素材、视频变速处理、人物磨皮瘦脸、添加背景音乐、添加文案字幕等。例如，可以先根据露营短视频主题的需要添加合适的文字样式，再修改成想要表达的文字，如图8-21所示。

图8-21　添加文字效果

在路上

图向远方 寻找诗与远方

Traver

| 第 9 章 |

无人机航拍：欣赏别样的美景

在露营时，如果我们被周围的美景吸引，却感慨相机拍不出来，就可以使用无人机进行航拍。无人机航拍不仅可以拍到更全面的景色，而且还可以从多种角度进行拍摄，能让我们欣赏到别样的美景。

152. 深受用户喜爱的三款无人机

在露营时，如果想要对周围的环境进行多角度的拍摄，就需要使用无人机来进行航拍。市面上广泛应用的是大疆系列的无人机产品，其中大疆精灵系列、大疆御系列、大疆悟系列三款无人机深受用户喜爱。本节将简单介绍这三款无人机的相关知识，喜欢露营拍照的用户可以选择一款适合自己的无人机入手。

1. 大疆精灵系列

大疆精灵（Phantom）系列是一款入门级的无人机，包括大疆精灵1、大疆精灵2、大疆精灵3、大疆精灵4等不同型号，非常适合航拍初学者使用，设计非常美观，操作也很简单，如图9-1所示。

图9-1　大疆精灵系列的无人机

2. 大疆御系列

大疆御（Mavic）系列无人机与以往的无人机不同，Mavic Pro主打轻便、易携带的特点，当把无人机收起来的时候，一只手就能拿下，非常适合喜欢露营的摄影爱好者使用。另外，该款无人机也能够拍摄4K分辨率的视频，并配备地标领航系统，最长飞行时间可达30分钟左右，最远飞行距离可达7千米。

3. 大疆悟系列

大疆悟系列无人机包括两款：一款是Inspire 1系列，是一款可变形的航拍无人机飞行器，支持4K拍摄；另一款是Inspire 2系列，该款无人机适合高端电影、视频创作者使用，机身在设计上更加坚固，重量也更加轻便。

153，选择性价比高的无人机

市面上的无人机品类繁多，要对比各类无人机的功能和用途，找到最适合露营拍摄的无人机设备。本节主要介绍选购无人机设备的相关知识和技巧。

1. 购买前先看这里，别浪费钱

在选购无人机的时候，不仅要从无人机的用途出发，还要考虑性价比。作为露营爱好者，如果你恰巧喜欢摄影，希望用无人机来记录美好的山川风光，那么建议你购买一台能拍摄出高清画质的无人机，露营时携带方便，一只手就能轻松拿下，出行没有负担。

如果你是一位喜爱航拍的新手，还不懂无人机的基本使用，只是对航拍比较感兴趣，那么建议你购买一台入门级的无人机，先自己练练手。最好选择价格便宜一点儿的，这样就算摔坏了也不会太心疼。

2. 无人机自带的物品清单要知晓

在购买无人机之前，首先需要了解无人机自带的物品清单，以免出现配件缺失或遗漏的现象。一般购买无人机会附送一个配件包，可以将无人机自带的所有物品放进配件包里，以防缺失。

3. 掌握这些参数，明白自己的需求

在购买无人机之前，首先需要了解无人机的一些规格参数，比如无人机的工作环境、云台的规格参数、相机的规格参数、遥控器的规格参数、充电器与电池的规格参数、照片的拍摄尺寸、视频的分辨率等，以此来确定其功能是否符合拍摄需求。

154. 第一次开机需注意的要点

在露营时第一次使用无人机，首先需要检查无人机的状态，如螺旋桨有没有装好、电池有没有卡紧等；然后需要掌握无人机的开机顺序，是先开飞行器还是先开遥控器；开机之后，有时候会提示用户固件需要升级，此时需要对固件进行升级操作，以便更安全地飞行无人机。本节主要介绍无人机的相关开机技巧。

1. 检查无人机状态，保证飞行的安全

在无人机起飞前，一定要检查无人机的各部分是否安全，比如螺旋桨有没有装好、电池有没有卡紧等。

2. 注意飞行器与遥控器的开关机顺序

开启无人机的顺序：第一步是开启遥控器；第二步是开启飞行器；第三步是运行App。关闭无人机的顺序：第一步是关闭飞行器；第二步是关闭遥控器；第三步是断开连接。其实，并没有严格意义上的开关机顺序，严格按照无人机的使用说明书去操作才是最安全的。

3. 固件升级的正确操作方式

每隔一段时间，无人机系统都需要进行升级，以修复系统漏洞，使无人机在空中更安全地飞行。在固件升级时，一定要保证无人机有充足的电量。如果在升级过程中突然断电，可能会导致无人机系统出现崩溃的现象。每当开启无人机时，App上都会进行系统版本的检测，在界面上会显示相应的检测提示信息，如果系统版本不是最新的，则会弹出提示信息，提示用户固件版本不一致，请用户刷新固件。

155. 飞行前查询限飞区域

在露营地用无人机拍摄前，首先需要学习相关的法律法规，并了解无人机

的飞行限制及限飞区域。有关无人机的法律法规会随着技术不断变化，本节中的有些条例在本书出版之后也有可能发生变化，如果用户需要了解最新的与无人机飞行相关的法律法规，则可以查看当地航空管理局的官方网站。

有两种方式可以查询无人机的限飞区域：第一种方式是通过手机App查询限飞区域；第二种方式是通过电脑网页（大疆平台）查询限飞区域，如图9-2所示。

图9-2　通过电脑网页查询限飞区域

156. 熟练掌握配件的使用

要想在露营时安全地使用无人机，就应该先认识无人机的配件，包括遥控器、操作杆、云台相机、充电器、螺旋桨等，熟练掌握这些配件的使用方法、功能与特性，可以帮助我们更安全地飞行无人机。

1. 遥控器：熟悉功能，才能熟练飞好

无人机的遥控器通过手机屏幕可以高清显示拍摄的画面，要熟练掌握遥控器上的各个功能按钮，具体功能可查看无人机的说明书。

2. 状态显示屏：熟知提示，心中有数

熟练掌握遥控器状态显示屏中的各功能信息，可以帮助我们随时掌握无人

机在空中飞行的动态，更安全地飞行无人机。

3. 操作杆：掌握好方向，才能不炸机

遥控器的操作方式有两种，一种是左摇杆控制飞行器的上升、下降、左转和右转操作，右摇杆控制飞行器的前进、后退、向左和向右的飞行方向；另一种是左摇杆控制飞行器的前进、后退、左转和右转，右摇杆控制飞行器的上升、下降、向左和向右飞行。

4. 云台：要想拍好片子，这个是关键

随着无人机技术的不断升级与进步，云台相机的拍摄功能越来越强大，云台俯仰角度的可控范围为$-90°\sim+30°$，无人机在空中高速飞行的过程中也能拍摄出清晰的照片与视频画面。

5. 螺旋桨：告诉你最快的安装技巧

每款无人机的螺旋桨安装技巧都不一样，可以阅读无人机的使用说明书或者观看视频学习安装步骤。当不需要再飞行无人机时，就可以将无人机收起来。在折叠收起的过程中，需要将螺旋桨也收起来，这样可以防止螺旋桨伤到人。

6. 电池充不进电：可能是方法不对

如果外部环境温度过低，那么无人机电池可能会出现充不进电的情况，这时只需把电池放到温暖的环境下，待电池有了一定温度后再充电，就没有问题了。

正确的充电方法是：先将电源适配器的插槽连接电池插槽，再将插头连接插座孔。电池充满电后，要及时拔下，以免引发爆炸事件。

157. 无人机的飞行环境

在露营时，在大部分场景下都是可以飞行无人机的，如乡村、山区、水面、公园、城市上空、夜间等。

例如，乡村的环境非常好，不仅安静，人也比较少，相对来说飞行无人机的安全系数会高很多。但在乡村的上空，电线会比较多，这一点需要特别注意，一定要到远离电线杆的区域飞行，以免无人机的信号受到干扰，导致"炸机"的后果（炸机为航模术语，由于操作不当或故障等导致飞机航模坠地）。

在乡村地区飞行无人机，最好选择一大片空旷的区域，不仅人少、房子少、树木少，空中的电线也少，仔细检查四周环境后，确定安全再起飞，如图9-3所示。

图9-3　在乡村地区飞行无人机

在乡村地区航拍时，还要掌握光线这个重要的元素。摄影讲究光线的运用，如果想用无人机拍摄出满意的照片，首先需要找到最佳的光源和位置。例如，早晨的光线就比较柔和，不至于过亮导致过曝。

158. 运用工具挑选拍摄地点

如果计划在露营时使用无人机拍照，可以提前用App挑选一些有趣的拍摄地点，如谷歌地球、奥维互动地图、全球潮汐等App，可以帮助我们更好地进行航拍。

例如，奥维互动地图是一款地图导航类软件，其功能十分强大，不仅可以搜索相应景点与交通信息，还可以进行其他更大范围的搜索，如餐饮、娱乐、银行、住宿、购物、医院、公园等信息，帮助用户一站式解决出行问题。图9-4所示为奥维互动地图的使用步骤。

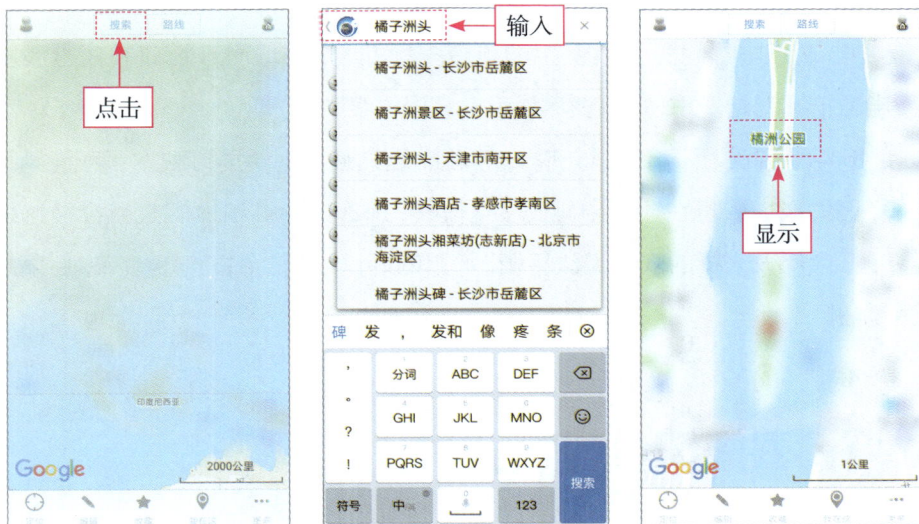

图9-4　奥维互动地图的使用步骤

159. 小心这些环境

在露营时使用无人机拍摄也需要注意周围的环境，否则容易出现炸机问题。要熟知哪些环境不适合飞行无人机，要选择安全的飞行环境，以免出现无人机坠毁或倾翻的情况。

（1）无人机不能在机场限飞范围内飞行，如果不小心将无人机飞到载人飞机的飞行区域，就会有安全风险，会威胁到载人飞机上的乘客安全。

（2）无人机在室外飞行的时候，基本是靠GPS（Global Positioning System，全球定位系统）进行卫星定位，然后配合各种传感器从而在空中安全飞行的。但在高楼林立的CBD（Central Business District，中央商务区）中，玻璃幕墙会影响无人机对于信号的接收，影响空中飞行的稳定性，使无人机出现乱飞、乱撞的情况。而且这些高楼中有很多Wi-Fi信号，这对无人机的控制也会造成干扰。所以，建议大家尽量找一个空旷的地方起飞，不要在高楼之间穿梭飞行。

（3）如果无人机起飞的四周有铁栏杆，则也会对无人机的信号和指南针造成干扰。

（4）高压电线对无人机产生的电磁干扰非常严重，而且距离高压电线越近，电磁干扰就越严重，所以要尽量远离高压电线飞行。

（5）不能在放风筝的区域飞行无人机，因为通过图传屏幕根本看不清风筝的线，而如果无人机在飞行中碰到了这根线，那么电动机和螺旋桨就会被这根线卷住，会使无人机的双桨无法平衡，严重的话，电动机会被直接锁死，后果是直接炸机。

160. 拍摄出专业的照片

要想从无人机航拍摄影"菜鸟"晋升为"高手"，必须了解ISO（International Standards Organization，感光度）、快门和光圈等基本的摄影知识，掌握无人机的四种拍摄模式，即自动模式、光圈优先模式、快门优先模式和手动模式，从而拍摄出专业的照片。具体设置界面如图9-5所示。

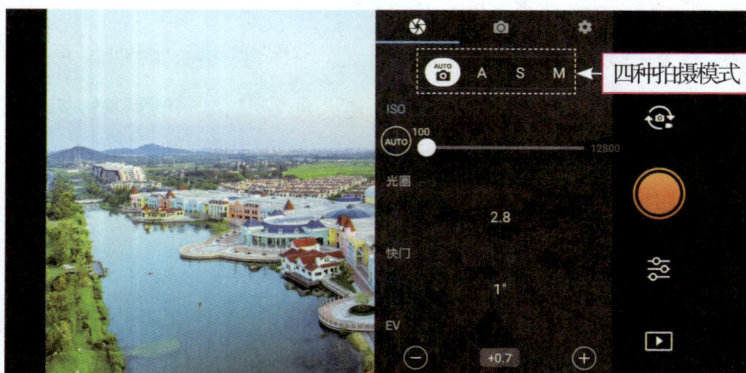

图9-5　ISO、光圈和快门设置界面

（1）自动模式（AUTO）：又称为傻瓜模式，主要由无人机系统根据拍摄环境自动调节拍摄参数。在自动模式下，用户可以设置照片的ISO数值，即感光度参数。

（2）光圈优先模式（A）：光圈是一个用来控制光线透过镜头，进入机身内感光面光量的装置，光圈越大，进光量越大；光圈越小，进光量越小。

（3）快门优先模式（S）：快门是控制照片进光量的一个重要部分，它控制着光线进入传感器的时间。将拍摄模式调至S档（快门优先模式），在下方滑动快门参数，可以任意设置快门速度。

（4）手动模式（M）：用户可以任意设置照片的拍摄参数，对于感光度、光圈、快门都可以根据实际情况进行手动设置，M档也是专业摄影师最喜爱的模式。

161. 航拍之前先设置

在露营时使用无人机拍摄照片之前，设置好照片的尺寸与格式很重要，选择无人机中不同的拍摄模式也可以得到不同的照片效果。

1. 拍摄尺寸，决定照片的画幅比例

照片尺寸主要有两种比例可供选择，一种是16:9，另一种是3:2，可根据实际需要进行选择。

2. 存储格式，方便后期精修照片

照片存储格式主要有三种可供选择，第一种是RAW格式，第二种是JPEG格式，第三种是JPEG+RAW格式，根据需要选择即可，如图9-6所示。

3. 拍摄模式，不同场景使用不同模式

在使用无人机拍摄照片时，有七种拍摄模式可供选择，包括单拍、HDR（High Dynamic Range Imaging，高动态范围成像）、纯净夜拍、连拍、AEB（Auto Exposure Bracketing，自动包围曝光）连拍、定时拍摄和全景拍摄，基本上可以满足日常拍摄的需求。

图9-6　三种照片存储格式

162. 熟记清单，节省时间

在使用无人机拍摄露营风景或视频之前，应该制订拍摄计划，比如需要携带哪些拍摄器材、无人机在空中应该如何飞行、需要拍摄哪些内容等。提前做好这些准备工作，可以帮助我们更有目的、更有效率地飞行无人机。

在使用无人机进行航拍之前，要对器材有充分的准备，如果因为少了一两样器材而无法完成拍摄，则会浪费更多的人力、物力和财力。为了防止无人机中途出现故障，可以准备一只工具箱，内装六角扳手、螺丝刀、剪刀、双面胶带、束线带、锋利小刀、电烙铁、剥线钳等工具。

另外，还需要准备一张飞行清单，也就是飞行前的一系列检查操作，以确保无人机安全飞行。

163. 安全起飞前的步骤

在使用无人机拍摄露营照片或者视频时，应该首先掌握无人机安全起飞的步骤。

（1）准备好遥控器和摇杆。在无人机飞行之前，要准备好遥控器，按照顺序进行操作，正确展开遥控器，并连接好手机移动设备，如图9-7所示。

图9-7　连接好手机移动设备

（2）准备好飞行器，拨开螺旋桨。当准备好遥控器后，接下来需要准备好飞行器，按照顺序展开飞行器的机臂，并安装好螺旋桨和电池，如图9-8所示。

图9-8　安装好螺旋桨和电池

（3）校准无人机IMU（Inertial Measurement Unit，惯性测量单元）与指南针。在每次飞行前，都要先校准IMU和指南针，确保罗盘正确是非常重要的一步，这样做有助于确保无人机在空中安全飞行。

164. 检查无人机设备

在露营前要检查无人机设备是否能够正常使用，在无人机起飞之前还要再检查一次，以保证无人机的安全飞行与正常使用。

在拍摄前，一定要检查无人机中的SD卡是否有足够的存储空间，以免到了拍摄地点，看到那么多美景，却拍不下来，这也是一件很痛苦的事情。如果重新返回露营基地更换SD卡，也会浪费时间和精力。

在无人机起飞前，先检查机身是否正常，各部件有没有松动的情况，如螺旋桨有没有松动或者损坏、插槽是否卡紧等。另外，一定要提前检查飞行器、遥控器、手机的电量是否充足。在这里，建议有车一族购买一个车载充电器，可以及时解决充电的问题。

165. 无人机起飞与降落的方法

无人机在起飞与降落的过程中是最容易发生事故的，所以一定要熟练掌握它的起飞与降落操作，这样才能在露营时更顺利地飞行无人机并进行拍摄。

使用"自动起飞"功能可以一键起飞无人机，既方便又快捷；但在降落过程中要确保地面无任何障碍物，因为在启动"自动降落"功能后，无人机的避障功能会自动关闭，无法自动识别障碍物。

准备工作完成后，将左摇杆缓慢向上推，无人机即可缓慢起飞，如图9-9所示。当飞行结束后，准备降落时，可以将左摇杆缓慢向下推，如图9-10所示，无人机即可缓慢降落。

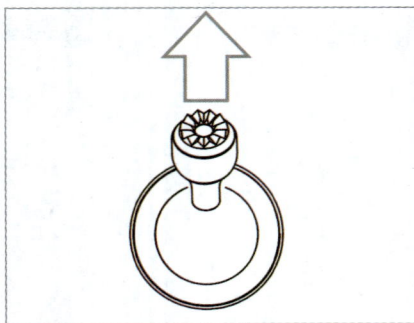

图9-9　将左摇杆缓慢向上推　　图9-10　将左摇杆缓慢向下推

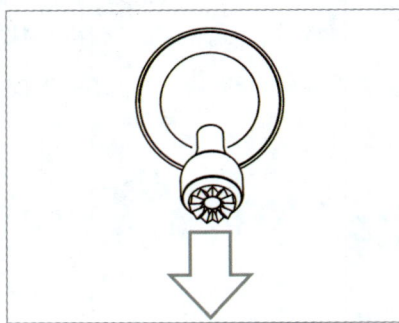

在降落过程中，一定要盯紧无人机，并将无人机降落在一片平整、干净的区域，周围不能有人群、树木、杂物等，特别要防止小孩子靠近。另外，在遥控器摇杆的操作上，启动电动机和停止电动机的操作方式是一样的。

166. 智能飞行拍摄

在露营时，如果时间比较紧迫，或者对无人机的操作不太熟练，也可以使用智能飞行功能进行拍摄，如"一键短片""智能跟随""兴趣点环绕""指点飞行""影像模式""延时摄影"等，不仅可以提高拍摄效率，而且也能拍摄出精美的画面效果。

例如，在使用"影像模式"航拍视频时，无人机将以缓慢的方式飞行，不仅延长了无人机的刹车距离，也限制了无人机的飞行速度，使得拍摄出来的画面稳定、流畅、不抖动。"影像模式"操作按钮如图9-11所示。

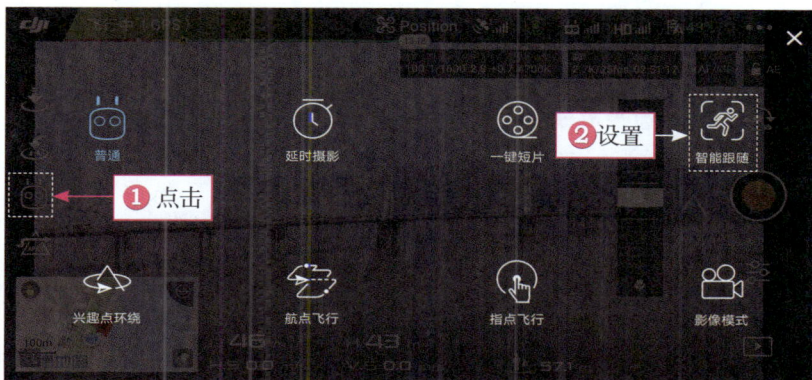

图9-11 "影像模式"操作按钮

167. 航拍乡村美景

风景照片是露营时航拍最多的一类照片，一切美好的事物都值得记录下来，永存那瞬间的震撼和美丽。

图9-12所示为从天空的视角俯瞰整个村庄，四周树林和农田的颜色互相映衬，天空中云彩飘动，整个画面甚是美丽。这不只是一个村庄，通过画面，还可以感受到一种安静的力量。

图9-12　乡村美景航拍效果

168. 航拍高山风光

　　山是露营中十分常见的风景，也是一种重要的航拍摄影题材。图9-13所示为采用上空俯视的角度拍摄的高山，可以展现其连绵、蜿蜒之势。整幅照片以绿色为主，没有多余的颜色或杂色，主题非常醒目。

图9-13　航拍高山

　　要想使风景照片令人印象深刻、过目不忘，或者更能打动观赏者，必须设法将观赏者的注意力引向画面中的被摄主体。一幅优秀的风景照片还必须做到画面简洁，只包括那些有利于把观赏者的视线引向被摄主体的内容，而排除或减少那些可能分散观赏者注意力的内容。

169. 航拍夜景

如果想要使用无人机拍摄夜景，则需要掌握一定的技巧，因为夜景是无人机摄影的难点。

在光线不足的夜晚拍摄时，使用"纯净夜拍"模式可以提升亮部和暗部的细节呈现，以及带来更强大的降噪能力。

例如，航拍城市夜景，这种场景下光线的特点在于它既是构成画面的一部分，又给夜景的拍摄提供了必要的光源，如图9-14所示。

图9-14　航拍城市夜景

专家提醒

在夜间拍摄前，最好使无人机在空中停顿5秒再按下拍照键，因为夜间的光线条件本来就较差，拍出来的画面噪点较多，如果在急速飞行的状态下拍摄，那么拍出来的照片肯定是模糊不清的。

170. 航拍湖泊风光

湖泊是一个地表相对封闭、可蓄水的天然洼地，在使用无人机航拍湖泊风光时，可以拍摄出湖泊的曲线美感。如果拍摄高原上的湖泊，可以看到湖水清澈见底，带给人一种纯净的感觉。无人机在湖泊上空飞行，湖水在天空的映衬下显得格外蓝，同时与山的颜色形成了鲜明的对比，如图9-15所示。

图9-15　羊卓雍错湖

171. 航拍日出日落

日出日落是一个经久不衰的拍摄题材。露营时周围的环境大概率是比较空旷的，可以利用水面、云彩等其他景物来美化画面。

日落的拍摄要比日出的拍摄简单一些，因为可以目睹日落的全过程，对位置和亮点都可以预测。可以巧妙地结合水面的太阳光影进行构图，使画面的意境更为深远。

日落的晚霞太过华丽，风景美得令人陶醉。通常，在太阳接近地平线时，天空中的云彩在夕阳的折射和反射下，可以呈现出精彩的变化；而当太阳落到地平线下方时，在此后的一小段时间内，天空中仍然会残留精美的色彩，此时正是拍摄日落的最佳时机，如图9-16所示。

图9-16 日落晚霞照片

172 航拍海岛全景

海岛因其四面环海、风光极美，占据了极大的地理优势，因此吸引着人们前往海岛去露营和游玩。

在使用无人机航拍海岛类照片时，建议拍出岛屿的全景、全貌。当然，如果海岛面积很大，则可以选择一些形状比较独特的海岸线来进行拍摄，如图9-17所示。

图9-17 航拍形状独特的海岸线

211

在拍摄海岛类照片时，除了使用全景的航拍方式，还可以通过垂直90°的方式来俯拍岛屿的海岸线局部细节，这样航拍出来的效果也是极美的。

173. 全景摄影的拍摄

全景模式是一个非常好用的拍摄功能，可以使用无人机拍摄出露营基地的全貌。而且大疆无人机可以拍摄四种不同的全景照片，包括球形全景、180°全景、广角全景和竖拍全景。

例如，球形全景是指相机自动拍摄34张照片，然后进行自动拼接。拍摄完成后，在查看照片效果时，可以点击球形照片的任意位置，相机将自动缩放到该区域的局部细节，如图9-18所示。

图9-18 球形全景图